i 愛の逆轉力

目錄

PART 3 逆轉力法則　117

PART 4

相信就會看見

前言 i・愛の逆轉力

在打開這本書之前，我們先起身，關掉身旁的電腦、電視、收音機，以及多餘的燈光，讓這個空間充滿寧靜，沒有多餘的聲音與視覺干擾，只留一盞燈給自己跟這本書，當您再次翻閱這本書的時候，我們要開始生命的自我探索，一步步一步步的更接近自己、認識自己。

這個城市，有太多的視覺、聽覺干擾，阻礙了我們傾聽自己的聲音，更阻礙了大自然給我們滿滿的愛與擁抱，當然，也忽略了生命透過生活所傳給我們的智慧。

每個人都是獨一無二；每個人都擁有揭開自己生命真相的本能，生命的真相就像一張只能自己去拼的拼圖，我跟大家一樣，在過往的人生中也遇到過許多無助、挫折，這時候怪別人嗎？沒有用吧！沒有一個人能為我的生命真正的負責，只有自己可以；也沒有一個人能告訴我，我的人生要如何走，會走出什麼樣子？這些都只能靠自己從生活的點滴，一點一點去發現自己，一點一點更深入的去體悟自己生命的價值、意義，然後一片一片的把自己生命的拼圖拼上去，這不是一蹴可成的，卻是可以累積，也可以從他人的經驗中，吸取更多自己拼圖上可能的面貌，然後靠自己的力量拼完自己的生命藍圖。要揭開自己生命的答案，讓我們先從「愛自己，認識自己」開始，越了解自己，就越能接收自己內在真實的聲音，也越能尋回散落在四處的拼圖，透過一塊塊的拼圖，讓我們更能理解每一條訊息背後「愛」的真義。

以前，我聽過一個很無聊的故事，但深入探索心靈後，卻發現這個故事非常有意義。原始故事是怎樣我已經模糊了，而我，喜歡這麼說：

在愛的國度裡，有許許多多的小靈魂，他們充滿了光、充滿了亮，他們的振動速度非常快，用高頻率的振幅跳躍著，他們都是一群快樂的小天使。在愛的國度裡，地上流水潺潺如絲如絹，天上雲煙裊裊似山嵐。空氣間飄著百花的香氣，這群天使就居住在這樣充滿光明、潔淨，充滿「愛」的國度中。

有個小靈魂問大家：「各位。我們是什麼？」

眾天使們紛紛回答：

「我們是光。」

「我們是愛。」

「我們是獨一無二的。」

「我們是無所不能的。」

「我們是一種頻率、震動。」

……

許許多多的答案回響在愛的國度中。

小靈魂喃喃自語，疑惑的說：「對。我們是光。我們是愛；我們無所不能；我們獨一無二；我們更是一種高頻率的震動。」用肯定的眼神望著大家：「但是，真正的我們到底是什麼？」

小靈魂認真的由左而右掃視每個靈魂的眼睛，又接著說：「我們是光，那黑暗是什麼？我們是愛，那恨又是什麼？我們無所不能？那現在的我們真正可以做的是什麼？」

四周一片寂靜，每個靈魂你望望我，我望望你，然後走出了一位愛的靈魂：「沒有黑暗，就無法知道什麼是光；沒有白天，就不知道黑夜；沒有恨，就無法了解愛；沒有痛苦，就不知道快樂……」

愛的靈魂問小靈魂：「你真正想體驗的是什麼？」

小靈魂歪著頭想了想：「我想體驗什麼是『愛』，愛能讓我們做些什麼？」

愛的靈魂點點頭：「我可以協助你，到時候我會把我的振幅降低，讓我們一起到物質界的地球去體驗。」

小靈魂開心的問：「你真的願意協助我？」

愛的靈魂肯定的點頭，小靈魂又接著說：「在物質界裡，我們就不能像現在這麼隨心所欲，我們會受到物質體的限制，你真的願意嗎？」

愛的靈魂溫柔的看著小靈魂：「是的。我真的願意。但是，請你記得現在我的美好，當我把振幅降低後，要是我忘了現在的「我」，請你務必要提醒我，帶我回到愛

的國度。」

小靈魂也對著愛的靈魂：「會的。萬一我自己也忘了，也請你提醒我，我們都是從愛的國度來的，好嗎？」

「好。」

於是，小靈魂與愛的靈魂就一起來到地球，體驗「愛」。

我們都是從愛的國度來，時間久了，忘了；入戲太深後，開始怨懟了。還記得嗎？在愛的國度裡，沒有是非對錯。

沒有恨，不明白什麼是愛。

沒有怨懟，不了解什麼是包容。

沒有傷害，不了解什麼是寬恕。

沒有恐懼，不了解什麼是勇敢。

沒有逃避，不了解什麼是面對。

沒有失去，不了解什麼是擁有。
沒有限制，不了解什麼是自由。
沒有掌握，不了解什麼是放手。
沒有擔心，不了解什麼是放心。
沒有迷失，不了解什麼是目標。

生命中所有的挫折，都是推動我們往更高層次晉升的動力，也是告知我們生命是到了該轉彎的時候了，不要害怕挫折、不順遂，這都是「愛的靈魂」給我們的禮物，而我們也都具備了突破這個狀況的能力。

iの逆轉力，從愛自己開始，重新出發

一支司迪麥口香糖的廣告「我有話要講」埋下了我踏進演藝圈的因子，當時的我還在國立藝專唸書，也就是現在的國立台灣藝術大學。我從沒想過，我會進到演藝

圈，一心只想著要跳舞，心裡盤算著如何躍進世界舞台。在當完兵退伍的時候，唱片公司想找當年那個「我有話要講」的男孩，於是，在還沒有搞清楚這個世界究竟是怎麼一回事時，一首「一生能有幾次選擇」開啟了我的演藝生涯，讓我在還懵懵懂懂的年紀裡，就已經嘗到前所未有的高峰。我從沒想過，我會一夕成名，一夕間大街小巷都傳唱著「一生能有幾次選擇」，一夕間，大家都知道有個會跳舞的男孩「何篤霖」，三年裡發了四張個人專輯，每天通告排得滿滿的，開啟了台灣偶像風的先驅……當然，這只是故事的起點，不是結局，在第四年的時候，唱片公司轉投資，無預警的在一夕間宣布結束營業，頓時，我失去了所有的舞台，看著其他宣傳、企劃的同事一個個開始規劃自己往後的工作，那我呢？我該怎麼辦？我要如何找出下一個舞台？在一次又一次的人生起落中，每一次的高潮令我快樂，但伴隨快樂而來的就是寂寞空虛；每一次的低潮令我痛苦，可是完全不知道該怎麼辦才好。

離開唱片圈，沒有了偶像歌手的光環，不再有人幫我打理髮妝造型，更沒有保母隨身伺候照顧我的起居。瞬間的待遇從天堂跌到人間，著實讓我不適應。我開始接工地秀。以前在唱片公司的保護下，演出時身邊總有六、七個專業人員協助我，從髮型、化妝、衣著到鞋子，沒有一樣需要我去擔憂，現在這些都要自己來。在偶像歌手的光環下，只要一上場，舞台下就有許多支持歌迷的尖聲驚叫，我不用特別去製造氣氛，現場就已經一片熱絡了。但是，到了工地秀現場，台下的都是年長、事業穩定的人，他們不會像十六、七歲的年輕人給我支持熱情的尖叫聲，站在舞台上，我必須自己炒熱現場的氣氛……包括酬勞也都要自己談，自己收，跟過往什麼都不用擔心，只要光鮮亮麗的上場就好，簡直是天壤之別。

我用了一段時間調整自己，告別過去偶像歌手的待遇，一切重新出發，也開始接觸主持工作，最巔峰的時候，手上同時有六、七個節目。當時年輕氣盛，成功似乎都來得理所當然。

然後，再一次的考驗來臨，手上的節目陸陸續續被喊「CUT」。我陷入了憂鬱，也曾經仰賴過藥物治療，很努力的想扭轉局勢，可是最後都越幫越忙，後來，我選擇了自我沉澱，停下腳步，回頭去看看，自己的生命究竟怎麼了？

於是，我開始檢視自己，重新的再一次認識自己。這時，雖然事業的門被關上，卻也幫我開啟心靈探索的窗。當我再次回到演藝事業，我轉換了很多的看法，用「老人的經驗，新人的態度」在我每一次的工作裡。

很多人問我：「iの逆轉力是什麼？」iの逆轉力就是從「愛自己」開始，懂得愛自己後，就擁有很大的逆轉力，可以逆轉生活每個當下的困惑、煩惱。

但是，我必須說「愛自己」是一個很大的課題。可不是任性的說：「我愛自己，所以我為自己買了一個名牌包。」、「我愛自己，所以我可以盡情的刷卡」……如果是用這樣的觀念來愛自己的話，其實是在懲罰自己而不是愛自己。那要如何愛自己呢？愛自己要從哪裡開始？就讓我們從「認識自己」開始吧！

透過知道自己、認識自己、了解自己、面對自己、穿越自己、接受自己、察覺自己，才是真正的「愛自己」。

iの逆轉力是一個很簡單的概念，但是過去我們都沒有真的認識自己，因此看不見生命的智慧就在身邊，生命的貴人多半都是我們以為的小人。這幾年，我自己經歷過許多事情，藉由一些心靈的探討，幫助我自己從挫折困頓中解脫，實現夢想。

透過和我的心靈成長夥伴研究，以及我自己和許多學員親身體驗的結果，發展出這一套「逆轉力法則」。在這本書當中，我將提出完整的心得和切實的方法，讓每一個人都能藉由這套方式的運作，真的認識自己，進而找到自己陷入困境的原因，也進而找到自己的夢想、實現夢想。

最後我要祝福大家，從愛自己出發，透過這個完整而有效的方式，為自己的人生找到幸福的力量。

PART 1

i・愛，可以扭轉生命

生命都是這樣嗎？

從事心靈工作多年，很多朋友都跟我訴苦：「我的命好苦啊！」、「我是這個世上最不幸的人。」當我問他：「目前讓你最在意的事情是什麼？」多半我會聽到兩種答案，一種是「我不知道，我只知道我很不快樂。」另一種是「好多。老公外遇、工作被裁員、還有一堆卡債……」其實，很多人真的不清楚自己的問題在哪裡，可能問題太多、太廣了。也可能自己正在迷宮裡打轉，根本就找不到自己生命的立足點。這些我都走過，也都可以理解，我可以明白當人陷在這種狀況時，會有恐懼、害怕、擔憂、猶豫、惶恐、不安、頭痛、失眠……

這些都是過程，這些外在的事件，都只在訓練我們更上一層樓。這些事件相關的人物都是「愛的靈魂」的體現，在渾沌不明的時候，我們會認為他們都是絆倒我們往前走的小人，但是當我們走過這段崎嶇，會發現這些絆腳石，最後都成為墊腳石，從小人變成貴人。

下面是我常聽到的問題，看看自己是不是也有這種狀況。

很多人都遇到這種事

很努力工作，財務狀況還是不佳

財務狀況不佳的狀況有很多，有些是真的自己敗家；有些是父母親、兄弟姊妹的債務；有些是莫名其妙的就會有許多的事件來讓我們失去財物。每個月都是月光族，甚至目前已經是卡奴。這些都是我目前最常聽到的財務狀況不佳的問題。

小薇就是其中一個例子，小薇有七個兄弟姊妹，自已排行在第五，剛好是個爹不疼、娘不愛的位置，在家是非常不起眼的小孩，即便每次考試成績都拿到前三名，還是得不到爸媽的肯定。出了社會後，小薇在工作上非常的力求表現，也確實得到主

管的青睞，小小年紀，很快就躍上了小組長的位置，工作收入比一般同年齡的上班族還多出許多。由於想要掙脫不被重視的過去，誤以為只要穿著、打扮光鮮亮麗就可以被看見，於是小薇開始不斷的在物質上滿足自己，成天上館子吃飯，追求名牌包與衣服，想要用這一身高雅的裝扮得到他人的認同。

父母親非常的疼愛大哥，小薇也為了展現自己的能力，不斷的拿錢回去支助從小被爸媽寵壞的大哥，內心深處，一直希冀著有一天父母親能跟她說一句：「小薇很乖，什麼好的都會拿回家。」但是等了好多年，爸媽都沒誇過她一句話，她心想，一定是自己又小又黑長得又不漂亮，於是不斷的買更高級的包包、衣服……來裝扮自己，好讓自己脫離鄉下來的「小村姑」這個稱號，這些種種高級物質享受，讓即便一個月收入六、七萬的她，在短短的三年內還是負債一百多萬……

小薇很努力的工作，理應可以有很不錯的生活，卻在這三年中背負了債務，這些負債讓小薇的生活變了樣，每個月多出了好多的循環利息，生命開始陷入不快樂、痛苦的循環……更痛苦的是，自己並沒有因為這些名牌的包裝，而有了自信，反而越覺得空虛……

很多人都有財務上的問題，每個人的狀況不盡相同，而小薇的狀況是從小就不起眼，為了吸引更多人看見她，不斷的努力工作，希望得到他人的認可。但是，事與願違，大家並沒有因為她的表現優異特別誇讚她，於是，她大量的購買名牌包、衣服，希望可以吸引更多人的目光。但是都失敗了，大家並沒有因為這些名牌打扮而注意到她……小薇的根本問題來自於一個缺乏自信的童年，小時候因為曾經被譏笑是「醜小鴨」，因此對自己的外在十分沒信心，於是不斷的在課業、工作上求表現。賺了錢後，更加重視外在的裝扮，想要用更多的金錢來買回自己的信心，因此，財務上有了一個大缺口……

每個有財務缺口的人也許原因不盡相同，但深入探討後，多半都有相似的童年，或受到原生家庭、權威人士的影響，這都是很深層的問題。若你目前有這些狀況，別急，先停下腳步，好好的與自己相處，找出自己財務缺口的真正原因後，再出發。

生活沒有動力，找不到生命的目標

每天早上都不想起床，不管是工作、情感、人際關係……似乎都已經失去了熱忱，感覺自己就像行屍走肉一般，每天機械似的在同一個時間起床；搭同一班公車；走同樣的路線，做同樣的事；吃差不多相似的餐點；跟一樣的朋友吃飯；跟同一批人聊八卦是非……這樣固定的模式已經超過一年以上。

很多朋友都問我：「雖然我衣食無缺，家庭也沒什麼太大問題，為什麼我還是不快樂？找不到生活的動力？」這些，我都可以理解。

七、八年前的我，每天除了固定的錄影工作外，經常跟著同一群朋友在PUB喝酒，或是在家裡開派對，我喜歡在人很多的地方，更喜歡在家裡辦PARTY，喜歡看到很多人聚在一起狂歡、快樂的樣子。我經常就是過著這樣吃、喝、玩、樂的日子。

因為自己的收入比一般上班族還好得多，我可以天天過著這樣的生活，我想，這應該是很多人羨慕的吧？但是，這樣的生活，久了真的膩了，甚至非常的不快樂。我不知道生命的目的是什麼？也不知道什麼是快樂？像這樣吃好的？穿好的？就是生活，就叫做快樂嗎？不！絕不是這樣，於是，我開始為自己的生命找出口，漸漸的、漸漸的，我走入了心靈這個領域……然後一塊拼圖一塊拼圖的把自己的人生仔細的拼了拼，我才恍然大悟，原來這些舉動都是因為自己的內心缺了一角，自己為了填補童年沒有一個完整家庭的缺憾，因此特別喜歡許多人聚在一起吃吃喝喝。這是盲目的，並不能真的填滿內在的空虛，反而會在人去樓空時有更大的失落感。

當我從過去的生命中看清楚自己的生命後，我是清清楚楚明明白白自己每個當下在做什麼，我一樣找朋友吃飯，但不再是那樣漫無目的的「喜歡」。我一樣規律的進行每週固定的錄影工作，但是不再把錄影工作當成例行公事，總能更深入的從不同的議題、角度中看到更多的生命光采，忙碌的工作反而變成一種快樂的遊戲，而我樂在其中。

我無法融入他們

看著別人可以跟朋友嘻嘻哈哈，談天說地我就好羨慕，我已經好久沒有跟朋友一起用餐。每次他們去KTV、聚會就是會避開我。我也很想跟他們一樣可以開開心心的聚在一起，但是我就是無法做到。我總是要討好大家，大家才會喜歡我；當他們聚在一起的時候，我都覺得他們在說我的壞話。

雅芬從小就很難融入同儕裡，她很想要跟大家一起嘻嘻鬧鬧，但就是不敢行動，擔心同學不喜歡她，害怕別人多餘的眼光，只要有人稍微看她久一點，她就會渾身不對勁，感覺好像自己臉上有東西，給人笑話了……常常鼓起勇氣的跟大家打招呼，又常常因為太過期待，而有所傷害。最後，只能一個人默默的、默默的自處，大家都以為她文靜，其實，她是不知道該如何融入團體中。

這些狀況也都跟原生家庭有很大的關係。雅芬是個極度自卑的女孩，上面有個樣樣優異的姊姊，每個來家裡的親戚總是誇姊姊好、姊姊棒。看到雅芬都跟雅芬說：

「妳看起來也是一臉聰明相，怎麼就不如姊姊？多跟姊姊學學吧！」這是小時候常常出現在耳邊的話語，久了，雅芬習慣在家裡有親戚來時「躲」起來。而爸媽不知道是無意還是有心的，也習慣了當家裡有客人的時候，讓雅芬「失蹤」在家裡的客廳中。

雅芬其實很想融入大家，她羨慕姊姊可以應對得體，跟那麼多人在一塊。好多次，雅芬都偷偷的躲在廚房聽大夥兒在談什麼，不敢真的出現在客廳。偶爾不小心被看見，也會禮貌性的打招呼，但不是看到媽媽嫌棄的眼神，就是聽到大家鄙視她的言語，久了，只有把自己關在房裡是最舒服自在的。

同樣的問題，成因也有許多種，要是你也有相同、類似的狀況，請跟著這本書的引導，一步一步的一起來探索自己吧！

不斷的愛上不該愛的人

每次當我認為這次的戀情可以非常穩定的走下去後，就會遇到同樣的事情。另一半劈腿了、對方無故失蹤了、發現原來自己是第三者、對方居然已經結婚了……對於

愛情，我好像被下了詛咒般，總是才要開始，就劃下句點了。

這也是很多人常常會遇到的事。常常聽到朋友說：「篤霖哥，我遇到一個很棒的男人喔。」還記得她臉帶笑容開心的跟我說，沒想到兩個禮拜後，卻垂頭喪氣的說：「篤霖哥，那個很棒的男人，居然是有老婆的……」這樣的故事，不斷、不斷的在朋友的身上上演，或許連她自己都不自覺……

她也曾經遇到很棒的男人，但是當這個男人開口跟她求婚的時候，她居然飛快的上演失蹤記，逃得無影無蹤……身邊的朋友都為她惋惜，她也有一些小小的遺憾，每個朋友問她為什麼要逃掉？她說：「我不知道，我只知道我很愛他，但是，當他一開口說要結婚，我就直覺的想到了吵架、離婚……不！我不要……我不要這樣的結局……」

其實，只要把她生命中感情的歷程拿出來看，是可以很明顯發現這種現象，不斷愛上不該愛的男人，或是當別人想跟她結婚時，她就會極力的逃開，或許連她自己都不清楚是為什麼？這也是很深層的問題，多半跟過往父母親、身邊朋友的婚姻狀況有關，長大後不斷的遇到不對的人，讓自己有藉口、理由不要進入婚姻……雖然理智的她嘴巴說想找個好老公嫁，但是內心深處的她知道，她沒有勇氣結婚……有些人，更是完全不知道自己為什麼會有這些舉動。潛意識裡一直處在矛盾中，積極的尋找另一半，知道自己的終點是結婚，但是只要聽到對方開口求婚，就拚命的逃開，自己都不知道原因是什麼……若沒有停下腳步，好好的整理自己的心靈檔案，這樣的戲碼也將會無止盡的上演。直到我們看清楚這當中的智慧，遊戲才會終止。

我總是受傷的一方

不管做什麼事，我總是受傷的那一方。努力好久的案子，最後告吹了；不斷的被朋友陷害；很想努力工作，卻總是遇到豬頭上司；大家不想做的，就推給我；每次我說出委屈，大家都說是我的錯……

大東的個性蠻活潑的，為人也很熱心，大家都很喜歡找他幫忙，他也樂於協助大夥兒，不過，卻常常吃力不討好。在公司，他不斷的力求表現，每個人交代給他的工作，他都很認真、努力的做到最好，但往往不知道為什麼，同事剛開始都很喜歡他，但是到後來，一個一個的遠離他，顯然並沒有因為他的熱心助人而喜歡他，反而常把不喜歡做的事推給他，而他也沒第二句話，鼻子摸著就接受了。眼看著努力就要得到老闆的賞識了，卻常常差那麼臨門一腳，反而被老闆罵得狗血淋頭。他不知道為什麼，好像天生就被下了詛咒，好不容易鼓起勇氣要說出委屈，結果身邊的每個朋友都說：「這是你的錯。」

「發生什麼事了？」大東常常這樣自問，為什麼比別人加倍努力，卻一直得不到認可，最後反而被罵得滿頭包？「為什麼每個人都說是我的錯？我到底錯在哪裡？難道認真工作也不對嗎？」

認真工作並沒有不對。事出必有因，而這個原因，卻常常也是我們自己看不見或不願意承認的……

大東體型中等，以男性的角度來看，他不高，壯壯的，常常表現很有自信，其實內心深處有深深的自卑感，這個自卑感來自於小學時一個特殊事件。

那是一個下雨的午後，天空陰霾，飄著細細的小雨，大東跟一群男同學調皮的捉弄班上的一個女同學，在不斷的拉扯中，大東跟女同學雙雙跌落到教室外的泥濘中，大夥在一旁鼓叫：「羞羞臉，男生愛女生。羞羞臉，男生愛女生。」大東很尷尬，什麼話都沒說，只想趕快爬坐起身，這時候，突如其來的一股推力，大東再次被推倒在雨中的泥濘裡，女同學大聲的呼叫：「董大東，你不看看自己長什麼樣子，像隻大鱷魚，醜不拉機的。走開啦。」一旁的同學每個人都跟著附和：「董大東，大鱷魚，醜不拉機。董大東，大鱷魚，醜不拉機。」從此，「大鱷魚，醜不拉機」變成了大東在小學的外號。

大東很想扭轉這樣的外號，常常很熱心的幫助每個同學，剛開始大家確實都喜歡找他幫忙，但是到後來也都紛紛的離開，他們認為大東每次都越幫越忙。很多的忙其

實大東並不會，因為害怕又被譏笑，所以都不敢說自己不會，總會用自己的想法去做同學所交代的事情，久了，大家反而都覺得大東是故意要讓自己出醜，而不敢再找大東幫忙，漸漸的，大東幾乎沒有了朋友。

有了小學難堪的經驗，大東更害怕同學的譏笑了，不管會的、不會的，都用自信滿滿、語帶肯定的語氣答應，擔心一發出問題，讓大家知道他不會，就又會被恥笑。因此，常常陷入不做不會錯，越做越錯的狀況。

生命中，並不是每個事件都會對我們的人生造成很大的影響，有時候看似不起眼的事情，反倒成了我們人生的絆腳石。或許你也遇到同樣類似的事件，但是真正的原因還是要透過方法一步一步的探索。

現在，請跟著我，讓我們來場心靈探險吧！我是你的心靈導遊，現在就出發！

我的生命座標

七、八年前我的生活還沉浸在演藝的歌舞昇平中，常常沉浸在一片歡樂中，今天不想明天的事，先玩再說。太多絢爛的生活充斥在身邊，我幾乎喪失了和自己相處的時間。突然，有一天，我問自己：「何篤霖，這樣的日子已經這麼多年了，還要繼續下去嗎？」我知道我該為生命找其他出口了。於是我漸漸的減少了這些聚會，反而增加了跟不同領域的人相處……

從那時候開始，我有意無意的參加一些大大小小的活動，想要從中找出一些自我的定位。這時，我自己做了一次簡單的自我檢視，我發現，我的同儕關係非常好，一有需要幫忙的事，隨便一吆喝就有一群朋友來。惟獨小時候原生家庭的部分，跟父母親的關係，似乎一直都很疏離……還有工作熱忱似乎缺少了一些東西。有了這些認知後，我至少抓到一些方向可以更深入的認識自己，也開始了我的自我探索之路。

下面就是簡單的自我檢視，讓我們先靜下來，好好的一步一步的來檢視自己目前的狀況。先把自己目前的位置定位出來，把問題看清楚，生命才有轉圜的餘地，也才會有逆轉的空間。

請為自己的生命藍圖先定位。不要管他人的眼光，自己為自己打分數，最低是一分，最高是十分，越接近十分，就越符合題目的狀態；越接近一分，就是與題目所敘述的越不相同。請選擇最適合自己目前狀況的分數點，而我也會在後面分享自己過去、現在的分數點。

1 我跟媽媽的關係，可以像好朋友一樣，無話不說。

1 □ 2 □ 3 □ 4 □ 5 □ 6 □ 7 □ 8 □ 9 □ 10 □

2 我跟父親的關係，可以像好朋友一樣，無話不說。

1 □ 2 □ 3 □ 4 □ 5 □ 6 □ 7 □ 8 □ 9 □ 10 □

3 我跟兄弟姊妹的關係很親密，即便沒有常聚會，也都彼此關心。

1 □ 2 □ 3 □ 4 □ 5 □ 6 □ 7 □ 8 □ 9 □ 10 □

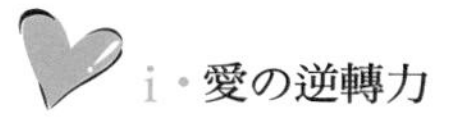

4 我的童年充滿快樂時光。

1□ 2□ 3□ 4□ 5□ 6□ 7□ 8□ 9□ 10□

5 我的學生生涯充滿瘋狂的美好回憶。

1□ 2□ 3□ 4□ 5□ 6□ 7□ 8□ 9□ 10□

6 我目前擁有一段美好的親密關係。

1□ 2□ 3□ 4□ 5□ 6□ 7□ 8□ 9□ 10□

7 我有三個以上的好朋友，只要我一開口，他們都願意協助我。

1□ 2□ 3□ 4□ 5□ 6□ 7□ 8□ 9□ 10□

8 當我遇到問題時，我可以找到至少一個朋友傾訴。

1□ 2□ 3□ 4□ 5□ 6□ 7□ 8□ 9□ 10□

9 在工作上，我可以如魚得水的發揮所長。

1 □ 2 □ 3 □ 4 □ 5 □ 6 □ 7 □ 8 □ 9 □ 10 □

10 我跟上司的關係很不錯。

1 □ 2 □ 3 □ 4 □ 5 □ 6 □ 7 □ 8 □ 9 □ 10 □

11 我跟同事可以和睦共處。

1 □ 2 □ 3 □ 4 □ 5 □ 6 □ 7 □ 8 □ 9 □ 10 □

12 每天我都很期待上班。

1 □ 2 □ 3 □ 4 □ 5 □ 6 □ 7 □ 8 □ 9 □ 10 □

13 在工作的時候我可以很投入。

1 □ 2 □ 3 □ 4 □ 5 □ 6 □ 7 □ 8 □ 9 □ 10 □

14 在工作上我常受到肯定。

1 □ 2 □ 3 □ 4 □ 5 □ 6 □ 7 □ 8 □ 9 □ 10 □

15 在過往的生命裡，我得到的掌聲比噓聲多。

1□ 2□ 3□ 4□ 5□ 6□ 7□ 8□ 9□ 10□

16 總體而言，我是個樂觀的人。

1□ 2□ 3□ 4□ 5□ 6□ 7□ 8□ 9□ 10□

17 我的財務狀況非常良好。

1□ 2□ 3□ 4□ 5□ 6□ 7□ 8□ 9□ 10□

18 每個月至少有一天可以擁有自己一個人自在的時間。

1□ 2□ 3□ 4□ 5□ 6□ 7□ 8□ 9□ 10□

19 我很喜歡我現在的生活。

1□ 2□ 3□ 4□ 5□ 6□ 7□ 8□ 9□ 10□

20 要是突然發生意外，今天就是我生命的最後一天了，我對此生沒有遺憾。

1□ 2□ 3□ 4□ 5□ 6□ 7□ 8□ 9□ 10□

回看剛剛你所填入的指數，是落在哪裡呢？越偏十分，快樂指數越高，越偏一分，代表那個問題、時間週期是影響我們現在狀況的很大的來源因素。

下面就是我自己的自我檢視，■是七、八年前的我，■是現在的我，■代表兩個時期是一樣的。有些部分有很明顯的差異，有些還好。

自我探索就像拼圖一樣，是一片一片慢慢拼湊組成的，別急、別慌，只要有了開始，生命就會有不一樣的轉動，接下來我會慢慢的分享我這些年的一些轉變，這不是終點，一切都還在進行式中，如同我生命的拼圖，正在一片一片慢慢的拼出原型，雖然還沒完全拼完，但是比起七、八年前的凌亂，現在的形狀是我當時沒想過的圓滿。

■七、八年前的我　▒現在的我　■七、八年前的我與現在的我一樣

1 我跟媽媽的關係，可以像好朋友一樣，無話不說。

1□ 2■ 3□ 4□ 5□ 6□ 7□ 8▒ 9□ 10□

2 我跟父親的關係，可以像好朋友一樣，無話不說。

1□ 2□ 3□ 4■ 5□ 6□ 7□ 8□ 9▒ 10□

3 我跟兄弟姊妹的關係很親密，即便沒有常聚會，也都彼此關心。

1□ 2□ 3□ 4□ 5□ 6□ 7■ 8□ 9□ 10▒

4 我的童年充滿快樂時光。

1□ 2□ 3□ 4□ 5■ 6□ 7□ 8□ 9▒ 10□

5 我的學生生涯充滿瘋狂的美好回憶。

1□ 2□ 3□ 4□ 5□ 6□ 7□ 8□ 9■ 10▒

6 我目前擁有一段美好的親密關係。

1□ 2□ 3□ 4■ 5▒ 6□ 7□ 8□ 9□ 10□

7 我有三個以上的好朋友，只要我一開口，他們都願意協助我。

1□ 2□ 3□ 4□ 5□ 6□ 7□ 8□ 9□ 10■

8 當我遇到問題時，我可以找到至少一個朋友傾訴。

1□ 2□ 3□ 4□ 5□ 6□ 7□ 8□ 9□ 10■

9 在工作上，我可以如魚得水的發揮所長。

1□ 2□ 3□ 4□ 5■ 6□ 7□ 8▒ 9□ 10□

10 我跟上司的關係很不錯。

1□ 2□ 3□ 4□ 5■ 6□ 7□ 8▒ 9□ 10□

11 我跟同事可以和睦共處。

1□ 2□ 3□ 4□ 5□ 6□ 7□ 8■ 9□ 10▒

12 每天我都很期待上班。

1 □ 2 □ 3 □ 4 □ 5 ■ 6 □ 7 □ 8 ▨ 9 □ 10 □

13 在工作的時候我可以很投入。

1 □ 2 □ 3 □ 4 □ 5 ■ 6 □ 7 □ 8 ▨ 9 □ 10 □

14 在工作上我常受到肯定。

1 □ 2 □ 3 □ 4 ■ 5 □ 6 □ 7 ▨ 8 □ 9 □ 10 □

15 在過往的生命裡，我得到的掌聲比噓聲多。

1 □ 2 □ 3 □ 4 □ 5 □ 6 ■ 7 □ 8 ▨ 9 □ 10 □

16 總體而言，我是個樂觀的人。

1 □ 2 □ 3 □ 4 □ 5 □ 6 ■ 7 □ 8 ▨ 9 □ 10 □

17 我的財務狀況非常良好。

1 □ 2 □ 3 □ 4 □ 5 □ 6 ■ 7 □ 8 ▒ 9 □ 10 □

18 每個月至少有一天可以擁有自己一個人自在的時間。

1 □ 2 □ 3 □ 4 □ 5 □ 6 □ 7 □ 8 ■ 9 ▒ 10 □

19 我很喜歡我現在的生活。

1 □ 2 □ 3 ■ 4 □ 5 □ 6 □ 7 □ 8 ▒ 9 □ 10 □

20 要是突然發生意外，今天就是我生命的最後一天了，我對此生沒有遺憾。

1 ■ 2 □ 3 □ 4 □ 5 □ 6 □ 7 □ 8 □ 9 □ 10 □

回看這些差異，自己都覺得很有意思。這些年來我不斷在找生命的價值與意義，後來發現知道很多的觀念，那些都是別人說的，是屬於別人的東西，都不是自己真正的體悟。從生命更高的層次回看自己，知道這一切只是為了喚醒「愛」，知道生命一切都是為了「體驗」而來，但是，這些都只停留於「知道」。直到，自己真的讓自己回到現實的生活面，一一的去面對自己過去的不圓滿，去填補自己心中的空缺，才真正的明白什麼是「愛」，什麼是「體驗」，才真的了解這些名詞真正的涵義。

我的童年雖然有很多頑皮、搗蛋的事件，但是這些事件背後其實隱藏著原生家庭父母親離異，以及從小跟著媽媽東漂西蕩沒有安全感的事件……回看這個檢視表，我跟爸爸、媽媽的對待關係差異性最大。這也是我這些年從知道，然後假裝看不見，睜一隻眼、閉一隻眼，到決定好好圓滿，然後一步一步的去實踐的結果。這些故事我會在後面的章節中慢慢的分享。

關於第二十題，題目再出現一次，不管是過去還是現在的我，都選擇一分，因為我覺得自己「玩得還不夠。」哈哈！其實，只是不斷的提醒自己，想完成的、想去做的，要好好的把握每一天去完成。真要說對生命有什麼遺憾，其實也還好。現在幾乎都已經在執行中了。

接下來的許多練習，也請你一起加入，你可以特別針對檢視表中比較低分的項目做更深入的探討，會有不一樣的收穫喔。

不管目前的你是快樂、不快樂，都沒關係，我們是自己生命藍圖的設計者，當然那支改造的魔法棒也在我們自己的手中，要如何改造？總得先知道自己目前的問題在哪裡？如何產生的？才能能引以為借鏡，爾後，再進行改造的動作。

我們都可以重來

生命隨時可以重來，當我走了近一半的人生路程，經歷了一些大起大落、父親往生、生活沒了目標後，一個念頭一轉，我要扭轉我的生命，我要探索自己生命的未知，於是，我開始啟航了；如今，不一樣了；未來，我自己扭轉了。

只要想開始，生命隨時可以重生。即便到了人生的下半場，還是可以轉敗為勝的。加油！

我們都是有能力的人

別小看你自己。永遠、永遠別小看你自己。你是一個充滿能力的人。

出第一張唱片「一生能有幾次選擇」時，我對於鏡頭是陌生的，有一天要拍專輯的宣傳照，現場有最優秀的髮型師、化妝師、造型師、燈光師、攝影師……每個人都

已經準備好在他們各自的崗位，我走到攝影棚的布幕前，強光一打，我退縮了，我的臉部表情僵硬得可以，做了好幾次都不到位，我的神情充滿了緊張，漸漸的，現場氣氛也凝重了起來，這時，我鼓起勇氣告訴現場的工作人員：「對不起。請給我十分鐘的時間。」他們同意了。我獨自一個人，躲到休息室，面對著牆壁，我告訴我自己：「何篤霖，你可以的。你可以做得不好，但是你不能『不敢』。」我不斷的給自己加油、打氣，當我再次回到攝影棚，雖然沒有做到百分百，至少已經做到當時的最好。而那張專輯，後來也一炮而紅，讓我由一個羞澀的男孩一夕間變成大街小巷都知道的「何篤霖」。要是沒有當時的突破，也不會有現在的我。

在剛接觸心靈成長的時候，有一次被安排上台演講，打從知道這個演講開始，我常常感到頭昏、反胃，人也異常的焦躁。這是我沒做過的事。我可以主持萬人晚會，卻對於這樣一個小小的演講卻步，現在想起來自己都覺得匪夷所思……那場演講在中和，糟透了。我何篤霖從沒想過自己可以把一個也不過七、八十人的場子搞得那麼冷……結束後，我快步的離開現場。當第二次有這樣的活動時，我內心很掙扎，到底該不該答應這樣的邀約？我再一次的告訴自己：「你可以做得不好，但是絕對不能不敢。上吧！」於是，第二次在彰化的演講，我硬著頭皮還是上場了。雖然沒有很好，但這次的狀況比第一次好太多了。我在心裡面偷偷的告訴自己：「不錯。又突破了。慢慢的，會抓到技巧的。」又是一次的自我突破。從小，學業成績就不好的我，從來沒有想過有一天會站在演講台上演講。

對我來說「突破，就是做自己不敢做、不會做的事。」每個人都有無限的潛能，沒有做不到的事，只有不敢做。我們擁有的能力比我們自己所知道的多更多。千萬別看輕自己，我們都是有能力的人。

每件事情都應我們的要求而來

每件事情的來到，都是我們所要求的，都是應我們邀約而來的。沒錯。反應快的人已經聯想到吸引力法則，確實這就是一種吸引力。

當我開始經營心靈工作時，我心裡盤算著：「不錯。我可以接觸更多喜歡心靈的人、課程，只要不要叫我分享就好。」正沉浸在與這些可愛的心靈人相處時，四處飛來的敲門聲：「叮咚。叮咚。」賓果。正是許多的邀約分享，大家都希望我能分享自己如何走到心靈領域，如何從中探索，更認識自己……

那時候的我很恐懼，成天一直掛著，不要找我上台分享、不要找我上台分享，這樣天天擔憂著，就像身上掛個「不要找我上台分享」的磁鐵一般。然而，許許多多大大小小的邀約不斷的湧來，眼看不得不上台了。好吧！只有面對了，那就上台吧！

我相信，很多人會說：「但是我沒招喚它來啊！」是的。我相信表意識的你沒有招喚它來，但是深層的意識中，這些事件其實就是我們自己設定好的，如同我的分享，我越擔心反而越要面對，真的走過了，回頭一看，這些都是讓我們再次突破現狀的墊腳石。這些事件、人物，都是我們「愛的靈魂」，他們依約而來，只是，我們忘了當時自己的設定，因此，現在的我們都看到事情的黑暗面，而忘了回過頭去看，陰影的背後是陽光。

我們現在遇到的問題，都是我們有能力去面對的。現在的我們之所以會覺得力不從心，那是因為我們自己模糊了、亂了。別急、別慌，當事情來的時候，第一要做的不是「反應」而是「冷靜」，先看清楚自己目前所站的位置，才會知道要如何應變。勇敢的面對自己目前的問題吧！這都是我們「愛的靈魂」給我們的禮物，而這個禮物只有我們能拆，別人是無法得到這個專屬於我們的禮物的。

就生命事件而言，沒有時間的過去、現在、未來

很多的事情，現在回想起來好像昨天才發生。

有一次走在捷運忠孝復興站往敦化站的地下街，兩旁有油畫的展覽，我停在一幅畫前，那幅畫中的場景類似九份，一間間小小的房子挨在山邊，整個小山坡都是暗暗的房子，只有一家是亮的。

這時，我想到自己童年的生活，記憶中，家裡就是黑黑的沒一個人，爸媽離異，

爸爸已經好久沒回家了，兩個哥哥又都住校，媽媽出門做生意去，我不想回到那個冷冷的家，常常一個人坐在家附近的文山國中門口前，看看有沒有認識的人可以一起玩。我一直很希望自己的家也可以像其他人一樣，點個亮亮的燈，有爸爸、媽媽、哥哥們，還有溫暖的晚餐在餐桌上……這些都是我心底「溫暖的家」的景象。

看到這幅畫，我好像走入了時光隧道，突然由一個四十幾歲的大人，回到那個小時候無依無靠的自己，內心深處有一股說不出的哀愁。我在那幅油畫面前站了許久，讓自己的情緒慢慢回復後，才又繼續的往前走。

生命不斷向前走，人會老，體力會不好，臉上的皺紋也漸漸佈滿，但是曾經在生命當中發生的特殊事件，並不因為時間的流逝而消失不見。

過往的特殊事件，不會因為我們長大了就不存在。通常，小時候的特殊事件，都會影響我們長大後的個性與對事情的看法。

在課堂中，有個學員在講述自己過往的故事時，拿起一張兩個人背對的圖卡，圖卡的內容是後面的人拿著一把刀要刺向前面背對的人。

當這個學員在說自己小時候的故事時，自己彷彿就回到了當時只有三歲無能為力的年紀。她回憶說：「當時，我人在家裡的二樓，我躲在樓梯間，聽到爸爸跟伯父在一樓的客廳吵架，他們的爭吵聲非常的大，是為了會錢，詳細的狀況我不清楚，我看到伯父拿著石頭往爸爸的頭打過去，我非常的害怕，但是我不敢哭。我怕我一哭，我也會被打。然後，我就看到爸爸血流如注單手撫著後腦勺，滿滿都是血，我不知道如何面對那種場面，家裡也沒有其他的大人。直到伯父離開，我才跑下樓去看父親，當時爸爸對我說：『噓。別哭。也別告訴其他人。』我點點頭。」

這個學員現在已經五十歲了，對於三歲發生的事情還是印象深刻，一點也沒有因為時間的流逝而淡化這件事，她還是那個無助的三歲小女孩。後來，透過課堂上的種種體驗，她才驚覺的發出：「啊——我知道了。」她說：「我終於知道，為什麼我只要聽到有人稍微的針鋒相對，言語稍微的大聲，我就會頭痛，會很不舒服的想要離

開那個地方，原來那樣的景象觸動了我，我不知不覺的就會緊張、害怕，那些情緒其實是三歲時候的狀況。而我現在對先生、兒子百般的好，其實，我是在補償當時年紀小，沒有保護好爸爸，爸爸被欺負了，我只能旁觀，而且無能為力。因此，我把先生、兒子都投射成爸爸，對他們百般的呵護以彌補自己當時什麼也不能做的愧疚……。」她激動的繼續說：「但是我忘了，他們都是獨立的個體，他們都有自己獨立的思想，但是我一味的覺得他們需要我的『保護』，所以不斷的用我認為的好，要他們什麼事都要聽我的，什麼事都要讓我知道，我擔心當他們一走出我的視線就會受傷，所以我非常沒有安全感，凡事都緊迫盯人，擔心他們有個閃失，我會承受不起。我的緊迫盯人讓他們喘不過氣來，所以，他們常常因為我每天打五、六通電話追蹤而對我咆哮……」這位學員鬆了一口氣：「原來啊。原來我的緊迫盯人只是為了填補自己小時候的擔心，卻造成今天跟老公、兒子相處的問題。我終於知道了，我知道我該怎麼做了。回去，我要好好的跟他們道歉，同時也要謝謝他們，謝謝他們對我的包容，沒有因為這樣而離開我，現在想來，自己超恐怖。不斷的電話追蹤，想到我自己都覺得害怕。」這個學員說完，還調皮的吐吐舌頭。

另一個故事是這樣的：

建輪跟媽媽的感情有著很複雜的心態，說好嘛，沒有很好，說不好又特別的關心，而故事必須從建輪小學三年級開始說起。

建輪說：「我的父母感情不好，我從小到大聽著三天一小吵，五天一大吵，久了，也就習慣了，但是，有一件事讓我很愧疚，感覺就像背叛了媽媽。」接著，建輪娓娓道來當時發生的故事：

「那是一個禮拜三的午后，放學回家時，我在街上遇到父親跟一個女人。爸爸要我稱那個女人為阿姨。一開始我覺得沒有什麼，反而因為那個漂亮的阿姨會買冰淇淋給我吃而感到開心。這是第一次碰面，算是非常愉快的相見歡。

日後，每次到了禮拜三，我就會在校門口遇到那個阿姨，阿姨總是跟爸爸有說有笑的，然後帶我去吃許多媽媽不會帶我去吃的東西，因此在心裡面，我其實蠻喜歡禮

拜三下午的來到。直到有一次，看到爸爸跟阿姨在我面前你親我、我親你的，他們以為我還小不懂事，其實我什麼都知道，我開始有了警覺，覺得這個阿姨要跟我『搶爸爸』，從此，每到了禮拜三，我就跟爸爸講了好多的理由留在學校，或是去同學家，不再跟爸爸還有阿姨見面。

這件事，我從來沒有跟媽媽說，並且每個禮拜三，我也會有意無意的特別乖，我知道爸爸跟阿姨一定又在一些餐廳吃飯，媽媽很可憐沒有人陪，因此，那一天我一定特別乖。突然有一天，媽媽從大門衝進來，氣沖沖的打了我一巴掌，然後大聲的怒喊：『你們父子倆都一樣，全都向著那個女人。』然後不斷的打我，一邊說：『你這個背叛鬼，也不看看誰生你、養你，居然背著我跟你爸爸還有那女人在一起。』媽媽歇斯底里的大喊大叫，我什麼也不敢說，深怕一發出聲音就又惹來一頓毒打。

後來，爸爸回來了，媽媽再一次的跟爸爸大打出手，我很害怕，我一直躲在房裡，我一直聽到媽媽喊：『我要殺了你，然後自殺。』我非常非常的害怕，我真的害怕哪一天爸爸媽媽真的不在了，那我該怎麼辦？那一次之後，我就再也沒見過爸爸了。媽媽說他死了，但是我知道爸爸被媽媽趕出家門了，並沒有死。

這是很久、很久以前的故事，現在我都已經四十歲了，我媽媽每次心情不好，就會對我咆哮，直罵我是個『背叛者』，我什麼也不敢說。三十年了，我已經聽了三十年這樣淒厲、悲哀的怒罵了。我不敢回應，在我內心深處，我也覺得自己對不起母親，自己就是個背叛者。

到現在我都不敢結婚。每次，媽媽只要看到我有女朋友，那樣的怒罵就更犀利……」

建輪深深的吸了一口氣，又繼續說：「重新的把這個故事說一遍後，我看到了不同的東西了，我突然理解媽媽了，這些年來我媽媽一直活在恐懼中，她一直擔心哪一天，我要是結婚了，也會跟爸爸一樣離開她，因此她每次只要知道我有女朋友，就又開始唱起那套古老的戲碼。當然，我也知道我自己因為對媽媽有很複雜的情感，也漸漸的不喜歡跟她相處，常常早早的出門，晚晚的回家，內心深處，我一直以為我想逃

開，逃離媽媽對我的怒罵，現在的我，居然發現，我想逃離的，其實是當時那個『背叛者』，我不想當一個背叛者，但是，每次看到媽媽，『背叛者』這個名詞就不斷的衝我而來，不斷的在告訴我，我是多麼的糟糕……

你們知道嗎？我一直在懲罰自己，我的每一段感情都被背叛，每當感情很穩定的時候，我總是會無端生事，明明知道沒有，但是就會語帶忌妒的跟女朋友說：『我看到妳跟某某某在一起，我知道我賺的錢沒有人家多……』這是一種不自覺。你們知道嗎？我總會用很多不同的理由，把我的女朋友從身邊逼走，讓她們選擇另一段感情，好像這樣的狀況，會讓我心裡舒服一點……因為當我跟媽媽一樣都是受害者的時候，我內心的痛苦會減少一些……」

雖然是三十年前發生的事件，但是對建輪來說，就好像是昨日的事情，這樣的傷痛、自責一直讓建輪不敢真的享受生活。

爾後，建輪看到更深一層的智慧。他說，媽媽的沒有安全感，其實來自於我內心深層對媽媽想親近又不敢，因此選擇逃離的方式，導致媽媽更沒有安全感。其實，我知道媽媽是愛我的，也希望我能趕快成家，我首先要做的其實是修復我跟媽媽之間的關係，即便是生活當中多一點點的關心、問候都可以，安媽媽的心，也安自己的心。「愛的靈魂」給我和媽媽一個課題，就是「信任」。日後，我會不斷的朝這個方向努力。信任自己，也信任對方，更信任彼此的愛不會因為其他因素而變質。

當建輪坐在講台上一盞昏黃的小燈下，悠悠的說這段故事時，現場安靜得像是在看一場人生的大戲，每個聽完故事的學員都給建輪一句支持、鼓勵的言語，謝謝建輪用生命寫了這麼感人的故事，也讓大家從故事中看到其他人生命的智慧。

生命事件一旦在我們心裡產生漣漪，刻下印痕，就不會因為時間的流逝而消失，它會一直存在，直到我們重新看清楚這些「愛的靈魂」給我們的禮物是什麼，這個事件的影響才會真的走遠。

心靈的房子，也要定期打掃

每個人至少都有兩個房子，一個是現在身體住的房子，另一個是我們的內心世界，我把這個內心世界稱為「心靈的房子」。心靈的房子堆積的是從小到大，大大小小，記得的、不記得的自己親身經歷，或是聽來的故事。

過多的事件故事沒有規則的塞滿心靈的房子，久了也會阻塞。新的故事進不來，舊的故事化不掉，就像很多人會沉浸在過往的豐功偉業而無法回到現實生活；有些人因為一次的事業失敗而一蹶不振，有些人因為小時候的被否定，從此垂頭喪志……這些都是心靈的房子沒有定期打掃的原因。

打掃心靈的房子方式很多，最簡單也是我最喜歡的就是「說故事」，把自己的故事拿出來好好的說一次，一次一次的說，就如同一次又一次的磁碟重組，事情越說越明，生命的智慧也在生活的故事中展現，說到底，所有的一切都是因為「愛」。接下來，我會說很多自己、他人的故事，你也可以透過這些故事看到更多生命的意義，也會看到更多「愛的力量」。

生活的每個事件，構成心靈檔案

從出生到現在，生活裡的大大小小事件，透過眼、耳、鼻、舌、身，從這五種感官烙印到我們的心靈硬碟，組成一個又一個的心靈檔案。

人生就像堆積木一樣。每一個心靈檔案代表一塊積木，日子一天天的過，積木也一塊一塊的堆疊上去，一開始放了什麼顏色就是什麼樣子，放了多寬就成了多大面積的基石，最後會變成什麼形狀，我們都不知道。

有些人，在很早的時候就已經完全知道自己要蓋什麼樣的房子，一開始就已經把寬度、空間預留下來，然後隨著時間一塊一塊的堆疊成自己夢想中的房子，形成了今生自己規劃的人生。

但是，大多數人並不清楚自己人生的積木最後會堆出什麼樣的房子。媽媽為了愛我們，怕我們疊得不穩，總會隨時幫我們東加一塊、西補一塊積木。有時爸爸也會插手添一塊，生命中的每個重要人物或多或少，在我們小時候還拿不穩積木時，總會出於好意的拿他們自己的積木協助我們放到我們所堆的房子上，為的是要讓我們的房子更穩，可以堆得更高、更寬。他們把他們認為的好全部都給我們，因此，也不容易顧慮到形狀合不合、顏色對不對，總在我們步伐不夠穩健的時候，適時的拿出他們的積木，讓我先穩住當前的積木不要垮下去。這些都是出自於愛。

現在，我們的人生走到一半了，回頭過去看，屬於我們心靈的房子這邊凸一塊，那邊中空一角，顏色五花八門，什麼都有。這時候如果硬要再往上堆疊上去，會是什麼結果？眼看地基不穩就要搖晃了，還要硬蓋上去嗎？

生命走到今天，我們的自主意識都已經健全，生命要走向哪個地方，房子要蓋成什麼樣子，都可以重新堆疊。要重新整頓這間房子，首要的就是把上面的積木一塊一塊搬開來，好好的審視一下每一塊積木，老舊殘缺的積木，該整修的就要整修，該換新的就要換新的。這樣才能再一次的重整，重新規劃生命藍圖，然後，再出發！

會影響情緒的心靈檔案都是核心認知

並不是每一個心靈檔案都會對我們產生重大的影響，真正會影響我們的，都是深植在我們內心當中我們認為真假不虛的認知想法，也就是價值觀。

我不太能接受一般人太過情緒的語言，每次只要聽到是有情緒的話，我的無名火就會升起，然後直覺式的反應有兩種，一種是對熟一點的朋友，我會立即打斷他將繼續的話：「不要告訴我情緒性的話。」另一種是找時機快速逃離現場。

為什麼會有這些反應呢？跟我的原生家庭有很大的關係，在我還很小的時候，我總是聽到媽媽不斷說：「我好可憐啊！沒一個男人可以靠。」、「該怎麼辦才好，我們都沒一個家……」這些話對當時那個懵懵懂懂三歲的小篤霖來說，媽媽是我唯一能依靠的，她是我的天，我唯一能依靠的人告訴我她要倒了，我該怎麼辦？我只能怯懦

懦，不出聲的躲在一旁，我無能為力去面對眼前的這一切，告訴我這麼多的愁苦，我也無力分擔，對當時的我來說只能假裝沒聽到、睡覺、逃離這些方式來應對生活。久了，這些動作也成為我的習慣性動作，情緒性的語言在我的價值觀上，形成一個「沒有建設性、無用」的同等詞。這些動作過往的我常常是不自知的，直到我不斷的在日常生活中覺察，我才發現，媽媽對我的影響之大。

一聽到情緒、沒有建設性的話，總會勾起我小時候無助的情緒，然後產生無名火，不是想要快速逃離，就是開口阻止對方繼續下去。

以積木來說，那些會影響我們的人際關係，讓我們不快樂、有情緒、不舒服、不斷遇到同樣事情的那些心靈檔案，就是那些蛀掉、有殘缺，無法乘載重量，或是沒有堆好，懸掛在邊緣重心不穩而搖搖欲墜的積木，這些積木只要一個契機點到，也許是一陣風或一隻小蒼蠅的停留，就會產生連環反應而倒塌。就如同生命如果走到了很緊繃的時候，隨便的一個風吹草動都會讓我們崩潰，嚴重的甚至一蹶不振。

心靈，就像房子一樣，需要定期的清理，久沒有清理會積壓很多灰塵，當灰塵變成污垢、油垢，要清理就需要多費上許多力氣。趁現在，生命還沒滿載，正是最好清理的時候，趕快清理吧！

PART 2 重新認識自己

你了解自己嗎？

我們對自己的了解，往往都很表面。知道自己喜歡什麼顏色，卻可能不清楚自己為什麼喜歡那個顏色？那個顏色在自己的心靈圖像中代表的意義又是什麼？

知道自己喜歡哪類型的書，卻有可能說不出來為什麼會被那樣的書深深吸引。

知道自己喜歡哪種造型，卻不一定說得出背後的原因。

知道自己欣賞哪類型的異性，卻多半不知道為什麼會特別喜歡這類型的異性，是不是他特別像生命中那個影響自己深遠的老師？男女朋友？長輩？父母親？也許是他的談吐，也許是他的氣質，也許是說話方式，也許是外表……跟我們生命中重要的人物有相似的特質。

接下來，透過一些小小的提問跟故事，我們一起來探索自己，一起來了解自己所不了解的自己。

想法就是「我覺得……」、「我認為……」

首先，我們要先對「想法」下一個定義。

對我來說，想法就是一種「認知」，也就是我們從小到大所吸收的知識、經驗，到最後形成的根深蒂固的價值觀、觀念，如同我上一篇所說的，關於「情緒的語言」在我的價值觀上面，就會變成是「沒有建設性、無用」的同等詞。又或者是我們常掛在口中的「我覺得…」、「我認為…」。每個人因為成長背景不一樣，想法、觀念也不盡相同，在這裡並沒有所謂的「對」或「錯」。只有想法、觀念的不同。每個人的「我覺得…」、「我認為…」都值得被尊重，你可以很放心、大膽的說出自己心裡真正的感受，沒有人會評判你，我只會引導你，引導你自己去挖掘自己，自己去看見自己。因為，你是獨一無二的，當然，你也可以擁有自己獨一無二的見解，這些都是被認可的。

來吧！一起來挖掘自己的想法吧！下面是我個人過去受到家庭背景的影響，而產

生的想法認知，你也一起來尋找吧！

● 我覺得沒有「房子」就沒有家；我認為媽媽很愁苦。

● 我覺得吃飯不能出聲音；我認為餐桌禮儀是家教好不好的體現。

● 我覺得朋友很重要；我認為大家一起吃飯是幸福的。

＊　＊　＊

換你嘍！

● 我覺得＿＿＿＿＿＿；我認為＿＿＿＿＿＿

● 我覺得＿＿＿＿＿＿；我認為＿＿＿＿＿＿

● 我覺得＿＿＿＿＿＿；我認為＿＿＿＿＿＿

尋找自己的真正想法

每一秒鐘有成千上萬的念頭從我們的腦海中閃過，但能被抓到的訊息卻是少之又少。透過一些簡單的遊戲，我們可以從中挖掘一些深藏在我們心底，或許連我們都已經遺忘的祕密喔。

玩遊戲之前，請先拋掉現在的年紀與身分，讓我們回到三歲純真的年紀，不要有過多的思考，只要以直覺的反應來玩這些遊戲就可以。

自由聯想

・聯想主題：媽媽

想到了「媽媽」我就想到賣衣服，因為，媽媽與父親離異後賣過衣服。

想到了「媽媽」我就想到愁苦，因為，媽媽總是跟我說我們很可憐。

想到了「媽媽」我還想到家裡窮，因為，媽媽老是在我耳邊喊窮。

想到了「媽媽」我還想到沒房子，因為，媽媽總是說我們好可憐沒有房子。

想到了「媽媽」我還想到納鞋底，因為，這是媽媽從事過的。

＊　＊　＊

以上都是有關於我的聯想，現在換你了，把你的想法填在空格上，在下面我會進

一步說明這些聯想跟我們的關係，以及對我們的影響。

想到了「媽媽」我就想到＿＿＿＿，因為，＿＿＿＿

想到了「媽媽」我還想到＿＿＿＿，因為，＿＿＿＿

想到了「媽媽」我還想到＿＿＿＿，因為，＿＿＿＿

想到了「媽媽」我還想到＿＿＿＿，因為，＿＿＿＿

想到了「媽媽」我還想到＿＿＿＿，因為，＿＿＿＿

● 關於「愛情」

想到了「愛情」我就想到＿＿＿＿，因為，＿＿＿＿

想到了「愛情」我還想到＿＿＿＿，因為，＿＿＿＿

想到了「愛情」我還想到＿＿＿＿，因為，＿＿＿＿

想到了「愛情」我還想到＿＿＿＿，因為，＿＿＿＿

想到了「愛情」我還想到＿＿＿＿，因為，＿＿＿＿

•關於「婚姻」

想到了「婚姻」我就想到＿＿＿＿＿＿，因為，＿＿＿＿＿＿

想到了「婚姻」我還想到＿＿＿＿＿＿，因為，＿＿＿＿＿＿

想到了「婚姻」我還想到＿＿＿＿＿＿，因為，＿＿＿＿＿＿

想到了「婚姻」我還想到＿＿＿＿＿＿，因為，＿＿＿＿＿＿

想到了「婚姻」我還想到＿＿＿＿＿＿，因為，＿＿＿＿＿＿

•關於「金錢」

最後，我們來練習「錢的觀念」

關於「錢的觀念」，我就想到，○○說的：＿＿＿＿＿＿

關於「錢的觀念」，我還想到，○○說的：＿＿＿＿＿＿

關於「錢的觀念」，我還想到，○○說的：＿＿＿＿＿＿

關於「錢的觀念」，我還想到，○○說的：＿＿＿＿＿＿

關於「錢的觀念」，我還想到，〇〇說的：

自由聯想洩漏了祕密

從上面簡單的遊戲中，你看到什麼端倪了嗎？是不是無形中說出了很多我們過往經驗的想法？這一些想法，對現在的我們很重要。等一下我們會更詳盡的說明這些訊息對我們的影響，所以，還沒完成的請找個安靜的時間，讓自己跟自己好好的獨處，很多觀念聽過了會忘記，看過的會知道，只有真正的做過、體驗過才會了解，好好的體驗這個遊戲吧，你會有意外的收穫。

在空閒的時間裡也可以多玩玩這樣的遊戲，有助於我們更了解自己。當然，你也可以跟你的孩子玩，在不知不覺中，於他的交友狀況、情緒、想法，都會有更深入的了解。這是一個很簡單的遊戲，卻是最好打開人際，與快速了解一個人的遊戲。

這樣的遊戲，在「iの逆轉力」課程中，我會請大家配合拍手，然後交叉玩水平思考、垂直思考，不同的思考模式有不同的刺激，從中當然也產生不同的效益。

看圖說故事

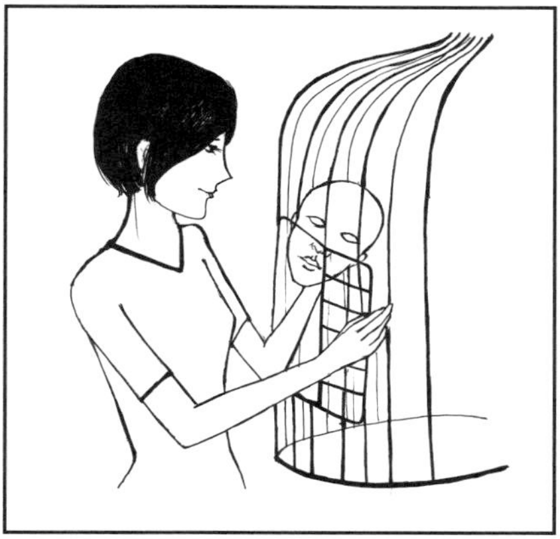

【圖一】

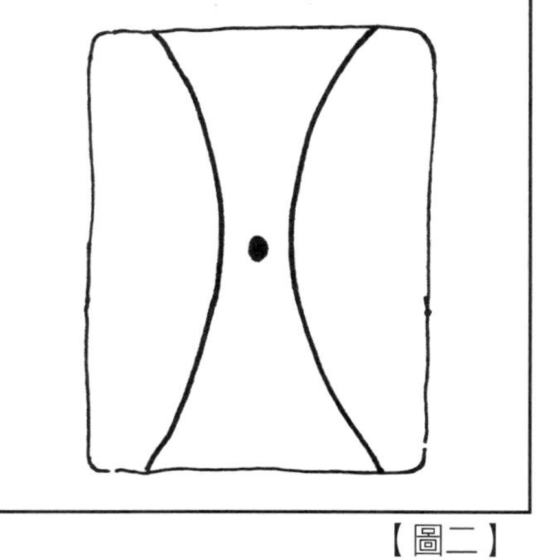

【圖二】

從圖一的畫面中，你看到了什麼？就你看到的圖像，簡短的說一個故事，你會怎麼說？

從圖二的畫面中，你看到了什麼？就你看到的圖像，簡短的說一個故事，你會怎麼說？

就圖一的故事，我會這麼說：

我看到一個人，把面具卸下來，放進鳥籠；但是另一個層面也像是把面具從鳥籠中拿出來。

若要讓這張圖，跟我的生命連上關係的話，我會這麼說：圖裡的那個人是我，代表的是兩面向的我。一個演藝事業中大家所看到的何篤霖，這個何篤霖多半是很有禮貌、客客氣氣，喜歡搞笑，象徵著螢光幕前需要更多裝扮、歡笑的我，也就是拿出面具的那個我。

另一個何篤霖，是現實生活上的何篤霖，從事心靈成長，喜歡跟夥伴們激盪種種體驗遊戲，常常會有調皮的舉動，那象徵著將面具放入鳥籠的我。

因此，從這張圖中，我看到兩個不同面向的我，都是真實的我，只是不同身分有不同裝扮的體現。面具代表著是我生命中種種不同的角色身分。

就圖二的故事，我會這麼說：

那代表著視野，用直立的看，視野是窄的，若旋轉九十度，視野就會變寬。

對應到我的生命上來，可以這麼說：過去在我還不了解心靈的時候，我看世界都只是一味用自己的角度，因此看到的面向都是自己認為的面向。

走入心靈後，我學會用更多視角看事情，對於事件的看法不再有是非對錯，突然間發現，這個世界變得更大了，因為我從別人的故事中看到更多的故事了。

因此，這張圖也不斷的提醒我，要常常轉換視覺角度去看世界。

真正的想法在故事中

不管故事怎麼說，即便說的跟自己都沒有關係，從故事中，其實都已經反應了我們深層的想法，說故事只是一種投射，把我們過去的一些認知、觀念、經驗，重新組合，變成另一個新的故事說出來，即便說的是多麼的天馬行空，也都反應出了我們深層的內在想法。這種深層想法平時不容易顯現，卻在我們生命中隱隱的發揮作用喔！

再一次提醒：聽過了會忘記，看過的會知道，只有真正的做過、體驗過，才會了解。

問題都不是現在所看到的

很多人生活上的困擾不外乎是「事業、財務」、「情感、婚姻」、「親子」、「健康」，相信嗎？現在我們所遇到的問題，都不是真的問題所在，真的問題是深藏在我們內心深處的。

就剛剛的「自由聯想」裡，我想到媽媽就會想到「沒房子」，因為我母親在我懂事以後，總是很愁苦，不斷的跟我說：「我們好可憐啊。都沒一個房子！」而我的童年是過著四處飄蕩的日子，我曾經跟母親住過女子宿舍，也跟著她一起在孤兒院住過一段時間，她在那邊工作，無暇照顧我，我也就跟其他孤兒一樣，在孤兒院裡一起生活了好一陣子……

小時候不斷的搬家、不斷不斷的搬家，印象最深刻的是在我小學畢業的那天，當我回到家時，我家已經被搬空，隔壁的孫奶奶跟我說：「篤霖啊。你媽媽搬家了，有個搬家工人在等你。」就這樣，我跟著傢俱，被卡車搬到連我都不知道的地方……

小時候常常不知道家在哪裡，小六那年，早上出去時，家還在，回來後，家已經不見了。這些種種的經歷，導致我極端的沒有安全感。我誤以為只要有房子，就會有安全感，就會快樂、踏實。因此，在我開始賺錢後就不斷、不斷的買房子。我買了好多房子，但是我的沒安全感依然沒有因為有了房子而好轉。買房子確實讓我開心，但多半都只有簽約的時候而已，過了那一天，我的快樂就又不見了。為了尋找那一剎那的開心，我不斷的買房子，直到我透過一次又一次的說故事、一次又一次的重新整理自己、一次又一次的深入了解自己，才知道，原來我真正要的並不是「房子」，而是「家」。

我對「家」的藍圖是：一個大紅門，兩個大紅燈籠高高掛，煙囪冒著煙，家裡的人正在廚房忙進忙出，餐桌上已經有了熱騰騰的飯菜，大家陸陸續續坐在大圓桌邊準備吃飯。

很多人一起吃飯，有人在廚房忙進忙出的，一家人圍著大圓桌可以搶飯菜的那種氣氛。

透過自我心靈的故事探索，我也才明白，為什麼我特別喜歡宴客。在我還不了解自己之前的那些年，我好喜歡在家裡宴客，我家常常有三、四桌打麻將的朋友聚在一起，到了生日的時候，我還會包下一個PUB，請了一百多人來吃吃喝喝。現在回首一看，一切都明白了，原來，那都是我內心深處對「家」的渴望。

有了這個領悟後，我透過一些方式與自己對話、和解。現在的我，不再需要用Party的方式來填補自己內心沒有「家」的缺憾。我一個人也可以很自在，偶爾跟我的心靈工作夥伴窩在公司煮大鍋菜，三五人聚在一起吃飯，我們會像家人的不分你我，瓜分食物、搶東西吃，因為了解自己，知道為什麼特別喜歡這些活動，現在做起來，特別過癮、滿足。

要是我沒有進一步認識自己，為了尋求安全感，現在的我還沉溺於不斷的辦Party，享受辦Party很多人聚在一起的感覺，然後害怕回到一個人的孤單世界，也會不斷漫無目的的買房子，卻不明白自己為什麼那麼喜歡買房子。

我很慶幸的，我是誤以為「房子」等於「家」，因此不斷的買房子。在買房子的過程中，不知不覺的養成我對房地產投資有獨特的見解，這是意外的收穫。

我常常看到很多人，把「家」誤以為是「結婚成家」，然後不斷的找人結婚、離婚，結婚又離婚。其實問題都不是在婚姻本身，而是對「婚姻」有錯誤的認知、見解，如果沒有看清楚自己內在真正的問題，結婚後多半也都會再次的走上離婚的路。

要是你發現，自己似乎不斷的重複經歷某些事，先停下腳步好好的沉澱沉澱自己吧！這時候所做的每個決定都只是在重蹈覆轍而已。真的不要再拗了，趕快面對當下的問題，不然事情通常只會越來越糟。而縱使沒人知道這件事，總有一天，事件問題的本質會從一個我們無法預測的地方冒出來的。

現在遇到的問題，都來自於內心的想法

內心的想法，也就是我們的心靈檔案，這些心靈檔案一片片散落在各處，我們從來不知道現在到底是哪個檔案在作用。然後，日復一日，不斷的被我們以為的「命運」捉弄著。

有個非常年輕的學員，大學畢業沒多久，她最大的困擾就是每次到了一個陌生環境，就很緊張，不敢說話，也不敢表現自己，深怕別人會注意到她。

從小到大她的朋友少之又少，大學畢業後進入職場，找工作對她來說非常難，面對主考官時總是緊張得一句話也說不出來，只會怯懦懦的搖頭、點頭，或偶爾發出：「嗯」、「是」、「沒有」這些單辭，幾乎很少講上一段話。好不容易找到工作了，跟公司的同事也非常的生疏，她覺得每個人都討厭她，讓她很不舒服。

家人非常關心她，拿了好多有關口語表達的書籍讓她閱讀，還不斷的帶她出去，介紹新朋友給她認識，希望她不再害怕與人接觸。有朋友陪在身邊時，她的表現都不錯，確實不斷的在進步，但是只要再到一個完全陌生的地方，就又把她打回原形。

後來，她的好朋友跟她一同來上「iの逆轉力」課程，一開始她還是一個不多話，只是聽、體驗活動，不太能表達她自己真正的想法，後來在很多學員、助教的支持下，她從別人勇敢的分享中，得到勇氣，也給自己一點力量，從說故事開始，越說越多，越說越完整。

她很羨慕別人都有許多朋友，過著熱熱鬧鬧的生活。但是她只要一看到陌生一點的人就很緊張，而且很在意別人是不是喜歡她，別人一個小動作、小眼神，都會讓她誤以為在排斥她，她的神情就會開始慌張，就像是做錯事的孩子，只會孤坐在那裡，動也不敢動，更不敢開口表達她的想法。團隊中若有出錯，雖然她知道不是錯在她，但是她的表情與態度，表現出來的卻是「默認」、「沒什麼好說的」，久了，大家都覺得她很冷漠，很難相處，她也就越來越孤單。

透過體驗遊戲，她找到了讓她不敢表達、在意人家眼光的故事。

小學二年級的一次考試，她考得很差，平均分數只在及格邊緣。發考卷的那一天，媽媽氣急敗壞的對她又哄又叫，咆哮的對她說：「妳長得沒有姊姊漂亮，連腦袋也比她笨那麼多。」當她正想要開口跟媽媽說自己考不好，是因為考試那天肚子痛，一直拉肚子，所以考卷都沒寫完時，媽媽沒有讓她開口的機會，又接著說：「妳給我閉嘴。妳啊妳。跟妳爸一個樣。每次做錯事了就只會開口反駁。小小年紀，什麼不學，只會學妳爸。像妳這種小孩誰會喜歡？沒人會愛妳的。」

雖然只是媽媽當時的一句氣話，卻成了不斷影響她的病毒檔案，每當與陌生人接觸，那個「沒人會愛妳」的病毒就會隱隱發生作用，為了不要讓人討厭她，她就會採取不表達，深怕說了話，反而讓別人更討厭她。

這時，我問她：「媽媽就是妳『愛的靈魂』，妳認為這個愛的靈魂在協助妳完成什麼樣的課題？」

她露出少有靦腆的笑容，微笑的說：「勇敢。」現場響起了一片支持與愛的掌聲，接著她又說：「我發現，我總是把當時媽媽對爸爸的怨全盤接收，內心有很多話要表達，但是都壓抑下來了，然後誤以為，少說少錯。其實，我不說、不表達，別人真的不知道我在想什麼，然後又誤以為我討厭他們，所有的誤解就這樣一來一往，然後變成一團又一團解不開的毛線球，今天的我，總算看懂了。」

感動。每次看到一個憂傷的靈魂，最後可以雙眼充滿篤定，神采飛揚的分享，然後靠著她自己的力量，重新點燃生命的希望，我就好開心。我們確實常把自己內在的「以為」，變成別人的「認為」，然後不斷的唱著這一首不成調的變調曲。

如果這個學員沒有看見深層的問題，只是不斷的在進修口語表達，她的轉變是有限的，當她理清楚了什麼是真正影響她的原因，她的生活就開始轉變了。而這就是勇敢面對自己的過往，認識自己、看清自己、接受自己、重整自己，再出發的「iの逆轉力」，愛の逆轉力！

要解決現在的問題，從心靈檔案開始

現實世界呈現問題，其實是我們心靈檔案有傷痕。

婚姻的現實世界觸礁，問題來自心靈世界觸礁；事業挫折不斷，問題來自心靈世界有挫折；人際關係不圓滿，問題來自心靈世界不圓滿；親子關係陷入膠著，問題來自心靈世界陷入膠著。

要化解這些問題，如果沒有從心靈世界去著手，問題不會真正的被化解，只會變換更多看起來不同，實際上是一樣的問題出現。這些現實世界的問題呈現，最主要的目的是要讓我們看見自己內在的心靈問題。

這麼多年的探索，發現很多人的不快樂，都是來自過往的「結」。雖然每個人不大相同，還是可以歸納出幾個可能的結果跟原因，這些結果與原因僅供參考，畢竟一個類似的問題，不代表每個人都是相同的原因所造成，還是需要自我一步一步的探索，才能真的看見自己的問題，進而「解結」。

現實世界的狀況	心靈世界可能的檔案病毒
負債、工作很辛苦	心靈檔案受父母親、長輩、師長、宗教、特殊事件影響
愛情觀——戀父、戀母、劈腿	心靈檔案受特殊事件影響；父母親的關係影響為大
工作不快樂，沒動力	心靈檔案太混亂，須重新整理、歸檔
莫名的恐懼、害怕	現實生活，觸動。勾起心靈檔案的不快樂記憶
與男老闆、男上司、老公的關係	心靈檔案受父親、男性長輩關係之影響
與女老闆、女上司、老婆的關係	心靈檔案受母親、女性長輩關係之影響
女生個性強、瞧不起男人、不認輸	心靈檔案受母親對父親的觀念影響；特殊事件影響
害怕孤單；喜歡呼朋引友	心靈檔案受家庭關係影響為大
對某件事又愛又怕	不敢擁有，曾經付出，然後失去，害怕再一次失去
沒自信	曾經被身邊重要的人嚴重的否定過、進而否定自己
不斷的成功、失敗，成功又失敗	在取得某人的認同，特殊事件影響
無法「心想事成」	去除心靈檔案的病毒；確認心「想」的是心裡真正想要的

你的心靈檔案，其實不是你自己的

是誰製造了我的心靈檔案

心靈檔案是我們一出生就存在的嗎？還是誰製造了我的心靈檔案呢？

我喜歡以足球、守門員、球門來形容心靈檔案的建立機制。在我們剛出生，初來到地球的時候，我們的心靈機制就好比是一顆乾淨的硬碟，除了基本的作業系統外，沒有其他外來的檔案與程式在裡頭。

意識就像是一場足球賽裡的守門員。

足球就是生活的事件、軌跡所形成的心靈檔案，也就是觀念、想法、認知。

球門代表儲存心靈檔案的硬碟。

身旁每個親密的家人、重要他人，都是這場球賽中可以射門的人。

小的時候，我們是個小小守門員，對於對方射門進來的球不知道如何阻擋，直到

漸漸了解球員有可能的各種射門技巧，然後漸漸可以判斷球會從哪個方向進到球門，也漸漸學會了守護球門，別再讓對方無條件的進攻，將球踢進球門之中。

也就是說，在我們還小的時候，意識的判斷還沒有成熟，如同守門員的功能還沒建立，這時不管是誰給我們的觀念、想法，我們都會全然接收，尤其是在〇至六歲這之中，幾乎是看到什麼吸收什麼。漸漸的，我們的人格個性逐漸的養成，開始有了自己獨特的是非對錯的價值觀，也就是我們的守門員逐漸有力量的時候。這時候守門員會開始過濾，讓有用的訊息進到球門，不重要、沒營養的訊息，就直接擱在門外反踢出去。

除了小時候所儲存的檔案，長大後，守門員還是有可能有累的時候，偶爾打瞌睡了，不小心遇到重大挫折一時呆滯了，這時，也都是守門員防守力不強的時候，因此，並不是只有小時候的事件才會對我們造成影響。長大後的我們還是可能會有漏接的狀況，只是比例上來說，小時候的比例重很多。

心靈檔案從模仿而來

小時候我們總是喜歡模仿大人，眼睛所看到的每一件事都是我們模仿的對象。

女孩喜歡模仿媽媽，喜歡化妝、擦口紅、穿高跟鞋，小小的腳丫伸進去大大的高跟鞋裡，拖著高跟鞋，叩、叩、叩。拖著搖擺不穩的步伐，一步一步的模仿媽媽走路的樣子。

男孩會模仿爸爸，拿著爸爸大大的太陽眼鏡，再披上大大的西裝外套當披風，用水潑濕頭髮，梳起小馬哥的油頭，就扮起自己心目中如同電影裡英雄般的爸爸。

我們的想法、觀念，就在這樣一點一滴的模仿中，最後進到深層的心靈檔案儲存區裡。

心靈檔案是別人灌輸的

老師說：「沒見過這麼笨的小孩。」

媽媽說：「不聽話，把你賣掉。」

爸爸說：「女孩子家，就要有女孩的樣子。」

媽媽說：「賺錢很辛苦，你省點花。」

爸爸說：「有錢人都官商勾結。」

媽媽說：「貧賤夫妻百事哀，要嫁也要嫁個有錢人。」

媽媽說：「男人沒一個好東西。」

爸爸說：「妳越來越像妳那不要臉的媽了。」

媽媽說：「你跟你爸一樣沒用。」

生活中，一句又一句的話語充斥在耳邊，我們可以選擇不看，但是絕對無法控制不聽，在情緒低落被指責時，這些負面的話語響起，就如同睡著的守衛，不小心讓老鼠進到廚房，壞了一鍋粥一樣。這些話對有些人來說沒影響，但是對有些人來說，就是最大的致命傷。

在生命的長河裡，每個人或多或少都受到身邊親密的家人、重要他人的影響。這些影響對有些人是很明顯的，甚至連整個價值觀都扭曲了；有些是隱隱作用，而我們並不自知。

心靈檔案是自己的特殊事件

每個人的生命都有一些特殊事件，比如親人往生、失戀、一夕之間財務陷入危機、當保人被牽累、離婚、車禍、沒預警的被裁員、天災……這些種種的事件也都會形成我們獨特的想法、習慣。

小時候，我們家很窮，我知道媽媽沒有錢，但是學校要上書法課需要準備硯臺、毛筆，我怯生生的跟媽媽開口：「媽。學校要上書法課，我沒有硯臺跟毛筆。」

那天晚上，媽媽帶我到附近的文具店，看了好幾款，即便我知道媽媽沒有錢，但是我還是任性的想要那一款最貴、最漂亮的。硬鬧著媽媽買那一個最有特色的硯臺，爭執了很久，媽媽還是買給我了。表面上我非常開心，但是內心裡頭其實有一個很細

微的聲音在譴責：「你這不懂事的孩子，知道媽媽沒錢，你還這麼任性。」那時候的我，刻意的選擇忽視「懂事」的想法，而虛榮的選擇要擁有漂亮的硯臺。

第二天，我帶著硯臺到學校去，心裡除了興奮，還夾雜著一點點的驕傲，我很開心，我有個很具特色的硯臺。上完書法課，我仔仔細細的清理，然後把硯臺晾在窗戶邊，等下一堂下課後再去收。

就在第二堂課的下課鐘響後，我帶著雀躍的腳步來到晾硯臺的窗戶邊，四處搜尋，怎麼也看不到我的硯臺，它不見了。我問了好多的同學，沒有人知道我的硯臺到哪裡去了。我非常傷心，那對我來說是得來不意，很珍貴的東西，就在一堂課的時間，不見了。

發生這件事後，我特別小心呵護我的每個東西，深怕有個閃失，東西就會不見。

雖然這只是小時候的一個小小的事件，卻一直影響著我的價值觀。沒收好就會不見。表面上看起來這是一個好的影響事件，但有時也感到自己有點神經質。

我有一個同事，從小家庭富裕，衣食無缺，看不出有任何的憂慮，我常常形容她是長不大的喬琪公主，每每看到她的東西亂丟，我總會忍不住提醒她收好，直到有一次她跟我說：「別擔心。我的東西不會不見的，即便一時找不到，最後也都會再出現。我並沒有東西不見的特殊事件。」剛聽這句話時，我一點都不認同她這樣的說法，覺得這個女孩太沒有責任感了。

但是，突然間，轟！真是當頭棒喝。是啊。對我來說珍愛的東西會不見，是我小時候的特殊事件造成我根深蒂固的想法。對我那同事來說，她沒有這樣的價值觀，也確實就不會有珍愛的東西不見的狀況。

我這同事還真的是完全對於東西會不見沒有任何的恐懼，記得有一次她的鑰匙不見了，找遍了辦公室也找不到，我心想，終於逮到機會可以好好的消遣她一番了，這小女子卻斬釘截鐵的告訴我：「別擔心。我的鑰匙只是貪玩，出去玩了一下，等它玩累了就會回家。」聽了這句話後，我心理嘀咕：「哼。真是一句心靈團體會說的狗屁嘮叨話！」誰知道兩個禮拜後，在辦公室的椅縫中，另一個同事挖出了一串鑰匙，這串鑰匙正是她的。

從以上非常小的事件，我沒有對，她也沒有錯。從心靈的角度，我確實會擔心我的東西不見，而她則喜歡東西暫時的不見，然後又找到的驚喜。

生活裡，很多的爭執就從這邊起了頭。這種狀況多半都發生在媽媽跟子女，或是情侶夫妻間。我們用我們過往的生活經驗好心的提醒，但是他人卻不領情，反而嫌我們囉唆，真的沒有誰對誰錯。說到底，都是「愛」，都是「關心」。只是我們是否正確、精準的愛到對方所需要的「愛」，關到對方所需要的「心」。

心靈檔案是可以改變的

既然心靈檔案的形成是我們看到、聽到、經歷過的種種事件所匯聚而成的觀念、想法、認知，當然也是可以改變的，並沒有哪一種認知才是對的，因此也不用太過擔心自己的想法是不是很異於常人，是不是一定要去改變。每一種認知都是對的，我們

只是從不同角度看到更多不同認知，進而更包容多元角度的認知而已。

當我們的包容角度越大，也就越不容易生氣、有情緒，因為我們都可以理解，每個人在每個不同位置會有不同的想法，不再只會用單一想法去面對事情。

就上面的故事，我因為有過去的特殊事件，因此產生「東西要收好，沒收好會不見」的觀念，而我那喬琪公主同事她的認知是「東西只是貪玩，跑出去玩，會再回來的」，兩個都對。如果我只是一味的要她認同我的觀念，那麼，我們就會產生爭執。

這時候，我並不一定要把我的認知改變成她的，但是我可以用更開放的心，接受同一件事情是有另一種認知跟觀點的。當然，當我覺得她的這種觀念可以讓我更自在，我也可以調整過往的觀念，改變我的認知。

面對過去，才能創造未來

「時間，是最好的療傷劑。」這句話不能說有錯，但是，我不認為這是最好的方式。就前面所談的，對事件來說，沒有過去、現在、未來，事情過去了，但是傷痕還在，平常不觸摸沒感覺，一旦類似的事件又再次發生，不管是發生在別人身上，還是發生在自己身上，一旦被觸動，所有當時的感受，立刻又排山倒海的回來。除非，有辦法保證身邊、電視、雜誌、電影永遠不會有類似的畫面、事情讓我們勾起記憶，不然，「時間，是最好的療傷劑」很容易變成一句消極、逃避、壓抑的話，不一定能夠讓我們的未來走得更平順，反而讓生活產生更多不可觸碰的地雷。

如同第一篇裡的「就生命事件而言，沒有時間的過去、現在、未來」的兩個故事，這些主角如果沒有再一次回頭過去看清楚事件，有人還緊迫盯人，搞得大家萬分緊張；有人還一直處在「背叛、被背叛」的十字架上無法繼續往前走。

現在，他們回頭整理自己三、四十年前的故事，他們都看到有別於他們之前所認知到的智慧，才能有方法、方向，繼續在自己日後的人生，創造更美好的未來。

時間，並不能抹滅一切。但是時間真正的意義在於可以讓我們喘一口氣，在適當的時機裡，重新鼓起勇氣，再一次面對事件，去看見事件背後真正正向的智慧。

恐懼都是想像出來的

面對過往的事件，不如想像的「恐懼」，恐懼是我們自己想像出來的。

不知道你有沒有相同的經驗，當生活中面臨一件新的事情，自己沒做過，就會不斷的模擬可能的種種狀況，當自己真的去做的時候才發現，沒有自己想像的恐怖。

最近，有個企業邀請我到他們機構去分享心靈的種種心得，我答應了，但在時間快到的那一個禮拜，我的心開始不安，我可以主持大型晚會，也可以公開演講，但是我沒有進到企業過，我不確定他們喜歡的是什麼？從沒有上過一天班，更不知道上班族的心聲是什麼？種種的想像，每想一次擴大一次，到最後顯得有點不安。不久，該上場的日子到了。我從容的站上講台，開始兩個小時的分享，時間飛快的過去了，一站上台，我就不緊張了。一站上台反而可以從容的分享自己生命的種種，之前擔心的全部都是多餘的，是自己想像出來，自己嚇自己的。

就這次的分享，我為我自己打了六十分，我相信現場每個人心中都對這次的分享打了一個分數，若以一個在台上縱橫十來年的資深講師幫我打分數，也許這次的分享我才二十分；但對一個不敢上台演講的人來說，我的分享或許是八十分。不管誰幫我們打分數都沒關係，重要的是自己給自己的分數，重要的是自己是不是每一次都有一點點的進步。千萬、千萬，別讓對方的分數擊倒了我們的信心，阻擾了我們進步。這次的分享是我第一次的企業分享，我給自己的分數剛好及格，我會更努力，每一次都不斷的進步一點。

恐懼是想像出來的，面對恐懼，最好的方法就是「去做！」完成了就不恐懼。

身邊所有的事情都是應我們的要求而來，因此，來到身邊的事情，都是我們目前

足以面對、處理的事，千萬別被恐懼的假象阻撓我們進入更偉大的自己。

過去是一條無形的線，阻礙了你前進

當我們不斷的往自己的目標前進時，過去就是一條無形的線，一直拉著我們必須回頭看，沒看清楚過去發生的事情，也很難發現當下的美好。

這麼說好了，一個女人期待了好久，心儀的那個男人終於約她出來共進晚餐，她期待這一天期待很久了，每天不斷的在腦中模擬要穿什麼衣服，搭什麼配件，還模擬那個男人可能會提問的問題，要怎麼應對才會讓那個男人有好印象……這樣的模擬不下數十次，卻在約會的前一天，接到了前男友從國外回來的電話。轟！過去種種回憶全部回來，腦海當中十分的憤怒，一個背叛她的男人回來了，這個男人是不是又要擾亂她的生活？

縱使這個女人還是很仔細的打扮了自己，希望可以抓住眼前這個多金優質男，但是腦海當中不斷的閃過過往是如何、如何的吃過男人的虧，腦海當中太多雜訊，使得她無法好好的享受眼前這個自己期待已久的約會，更沒有注意到男人是用多麼欣賞的眼神關注她，每一個動作都很體貼的對待，她只是一直沉浸在自己過往的哀怨中。連當前的美食吃起來也是沒味道，想當然爾，男人誤以為女人並不欣賞他……

就這個故事來說，多金優質男是女人前面的線，可以讓生命往更好的線，但是，過去的戀情就是這個女人背後看不見的線，一直拉著她不能往前，兩條線一前一後拉著她，讓她無法前進……

在生活中，要往前走，只能停下腳步，轉過身，去把後面的那條線解開，才能無後顧之憂的向前面的夢想邁進。唯有面對過去，鬆開過不去的「結」，才能解現在面臨的「劫」，才能創造截然不同的明天。

生命座標——尋找你所不知道的自己

我要講一些學員的生命故事，請用心的感受這些故事，不是這個故事當中有什麼多重要的祕密，而是從這些故事中更進一步的認識自己。

不管遇到多好的對象，最後總是搞砸

明德三十五歲，交往過許多女朋友，其中也有論及婚嫁的，可是到最後卻都無疾而終。

明德回想起第一段戀情，他和初戀情人非常甜蜜，以為可以就此廝守終生，但事實證明這是他天真的想法。記得有一次看到女朋友的書裡夾著一張男生寫給她的情書，頓時感到天昏地暗，找女朋友大吵一架，從此之後兩個人的感情就逐漸走下坡，最後分手。

第二段戀情是在辦公室發生的。那個時候女生非常喜歡他，把他當成英雄一樣崇拜，所以他一直以為這是一段牢不可破的感情。明德成為感情裡比較強勢的一方，基於女友對他的崇拜，開始給女友一些工作、生活上的意見，到後來慢慢地干涉女友的生活，甚至控制她的穿著打扮。女友一開始覺得有被保護的感覺，但越來越感到喘不過氣。她開始背著明德穿著火辣和朋友出去玩，也交往其他男性朋友。其實女友並沒有要背叛明德，男性朋友也只是公司裡的同事，可是這卻讓明德大為光火。他感覺女友就要背叛他了，所以不斷地拿這些事情和女友吵架，讓她在這段感情裡越來越痛苦，最後辦公室裡另一位男同事給了她溫柔，她真的就和另一位男同事在一起了。

兩段感情都讓明德感到失望，他覺得他沒有看人的能力，沒有想到自己喜歡的女人都這麼的水性楊花，所以他決定把終身大事交給長輩處理，比較妥當。他希望透過長輩介紹真正的好女人給他，不要再出錯了。

不久之後，他的阿姨介紹了一位和他年紀差不多的女孩子給他認識。這位女孩是

阿姨公司裡的秘書，外型姣好、氣質也好，家境單純，人看起來也單純。對方看起來也沒有不滿意他的感覺，於是兩個人順其自然地展開交往。或許長輩的選擇真的很正確，這一次兩個人的交往再也沒有任何風波，一年之後，果然要步入禮堂了。

婚紗拍好了、喜帖也發了。然而，就在兩個人要步入禮堂的前一個星期，有一天女孩的電話響起，而女孩正好不在位置上，明德就幫她接了電話。對方是一位男性，只請明德轉達祝福給女孩，其他什麼也沒有說。

明德記住了這位男性的名字，暗地裡去向女孩的朋友查詢，發現是女孩的前男友，簡直晴天霹靂。就為了這件事情，兩個人的婚事告吹，明德當了落跑新郎。

為什麼女孩子都這麼花心呢？這是明德最大的感嘆。他回想起這三位女朋友，其實條件和個性都很好，可是到最後都背叛他，辜負了他的付出。他說他越來越不相信感情，也越來越難愛上什麼人了。

這幾年，明德一直在玩愛情遊戲，絕對不投入感情，可是在他的內心世界裡，他感覺非常非常地孤獨。

不信任造成的無法信任

其實明德的三個感情對象都很不錯，可是他自己單方面自以為是的想法，拒絕聽取任何的解釋溝通，最後才把戀情逼到了死路。

當明德開始回想起過去所有遭受背叛的感覺時，他想起小時候，原本家庭和諧美滿，可是就在一夜之間全變了樣，沒有徵兆地，有一天父母就突然離婚了。這個衝擊對他來說難以接受，他無法相信美好的家庭竟然是個假象。他永遠記得，那一天他放學回家時，打開門，只看見父親在漆黑的客廳裡坐著，臉上沒有表情，頭髮散亂，是一個他從來沒有見過的樣子。當時他的心裡很害怕，馬上跑去廚房想要找媽媽。而就在他跑去廚房的時候，他聽到父親從客廳裡大聲地說：「不用找了，你媽跟別人跑了，不會再回來了。」

那一天夜晚過得特別長。父親和他沒有說上什麼話，兩個人也沒有吃晚餐，就一起在沙發上睡著了。明德心裡一直相信，只要他一覺醒來，就可以看見媽媽，可是，

這件事情並沒有發生，之後明德的父親也絕口不再向他提起母親的事情。就像作夢一樣，明德在一夜之間從幸福家庭的天堂掉到谷底，而父親唯一給他的交代就是「你媽跟別人跑了，不會再回來了。」

從此以後，明德打從心裡相信「這世界上沒有那麼完美的事情。」而且他的內心深處不斷地促使他作出一些事情，來證明這個想法沒有錯。

當明德重新回去看看父母的離婚事件，了解他們兩個人離婚的真正原因後，他發現母親的外遇事件只是父親編造出來的謊言，實際上純粹是兩個人相處不來的結果。而當初他們營造那個和樂的家庭氛圍，都是為了他著想，即使夫妻兩個人私底下已經水火不容了，但是在他面前，一樣都是表現得很和樂，不想傷害他。

誰製造了我的心靈檔案

- 從明德的三段愛情故事中，你看到明德的愛情遇到了什麼問題？
- 明德的愛情不斷的無疾而終，因素是什麼？
- 明德的心靈檔案來自於哪裡呢？
- 回想自己生命的故事，是不是發生過「背叛」或「被背叛」的事情呢？

你真的愛我嗎？

英綺現在看起來是個很開朗的女孩子，可是在她的內心深處，有一個打不開的結。那個結，就是她的前任男友。

為了這個男孩，她很難再交往其他對象。為什麼呢？因為她為這個男孩付出了很多，但是他最後卻離開了她，讓她感情上受到很大的傷害。

回想起這段戀情，英綺的臉上還看得出甜蜜的笑容。她說，那個男孩子在學生時代品學兼優，還是籃球隊最受矚目的隊員，長得又好看，算是學校裡的風雲人物。每

當走過學校籃球場，英綺就看見一大群漂亮的女孩子圍在球場邊，呼喊著男孩的名字尖叫失聲。英綺總是低著頭快步走過，因為她覺得那不是她的世界。

更不要說想過能和這樣的一個風雲人物在一起。英綺覺得自己太平凡了，無論聰明和美貌都很平凡，她總覺得，那個男孩不可能喜歡一個像她這麼平凡的女孩。

可是就在偶然的機會下，因為共同選修一堂課，英綺和這位男孩認識了。一開始只是隨意聊聊，英綺很緊張，滿臉通紅。不久之後，在一次課堂上，男孩遞紙條說他喜歡她，要和她在一起。她看著紙條，再看看男孩，直覺是惡作劇，有點生氣。可是那一天下課之後，男孩追了上來，大刺刺地問她：「妳願意當我的女朋友嗎？」

沒有人能夠拒絕這麼一個魅力十足的男孩，英綺也不例外，但是害羞的她不點頭也不搖頭，只任由男孩牽起她的手。就這樣，兩個人在一起了。兩個人開始交往，從每周見面一次，到每天都見面，這樣一路從學生時代約會到畢業之後。

每當男孩約會遲到，或是讓英綺掌握不到行蹤，英綺就失控吵著要分手，甚至話越說越酸。她會對男孩說：「你可以乾脆不要來啊，我真的無所謂。反正我隨時都做好被你甩掉的心理準備。」或者冷笑著對男孩說：「其實你早就不愛我了對不對？不。其實你根本沒有愛過我，你只是因為新鮮感，想要嘗試和這麼平凡的女孩子交往，現在你都知道了，可以分手了。是這樣吧？」

「我是真的愛妳，妳不要亂想好不好？如果不愛妳，我為什麼要和妳在一起呢？」

「誰知道你是不是同時也和別的女孩子在一起？」

「我根本沒有啊。」

「你只是覺得和我這種沒什麼追求者的女生在一起，更有安全感，難道不是這樣嗎？」

「媽的，妳在說什麼啊。」

不管男孩如何解釋，英綺都聽不進去。當她失控的時候，就聽不見別人說話的聲音。接下來幾天，英綺就鬧脾氣搞失蹤，讓男孩因為找不到她而情緒大受影響，生活

作息大亂。幾天之後英綺終於出現，她看見男孩為她憔悴不堪的模樣，才覺得男孩是真的愛她。英綺在自己理性所無法控制下，一心想要證實自己的想法，所以不斷地用負面言語和行為，找到機會就問男友：「你真的愛我嗎？」充滿懷疑地逼迫男孩更極端地表明真心。後來英綺對待這段感情的態度越來越激烈，不但容易把感情上的情緒轉移到工作上，搞砸工作，而且常常搞失蹤，讓所有朋友都受不了越來越陰沉古怪的她。

終於，男孩再也受不了，離開了她。英綺說，當他離開她的時候，她覺得自己的想法沒有錯，原來他根本就不是真心的。此時，英綺的內在有一個聲音對她自己說：「妳看吧，被我說中了。」

可是這麼多年來，英綺無法再接受其他男生的追求，她覺得男生都是花心的。但英綺還是常常在想，當年的這個男朋友對她到底是不是真心的？難道他真的曾經這麼愛她？不然怎麼會和她相戀這麼多年呢？如果是的話，是不是她傷害了他？如果不是的話，她氣憤自己，為什麼要這麼眷戀一個欺騙她感情的人？

這麼多年來，英綺沒有再和任何人交往，因為她的心裡，有一個沒有解開的答案。她越來越封閉自己，不但失去了工作，也失去了朋友。

沒有人會真正愛我

英綺說，她來自一個家教嚴格的家庭。從小父母親就嚴格地要求她的行為，以及在學校課業的表現，如果她做了什麼讓父母親不滿意的事情，就會受到嚴格的責備。

父母親的表達方式常常讓她很受傷。

她記得有一次，她和朋友出去玩，沒有事先告訴父母。那一天，當她回家時，並沒有聽到客廳傳來的電視聲音，也沒有聽到家人交談歡笑的聲音。當她打開大門時，發現家裡的燈也都沒有亮著，但是從廚房透出微弱的黃色小燈光，讓她發現了父母親就各自坐在沙發兩頭，各自沉著一張臉。

爸爸發現她回家了，也不對她說話，反而拍起桌子，對著她的媽媽大吼說：「妳看看妳的寶貝女兒，才十歲而已，就不知道出去和誰廝混到這種時間。妳到底是怎麼

教的?!教出這麼不聽話的女兒，不漂亮還這麼騷包。像這麼不聽話的女兒，我也不要了。」

說完，爸爸連看都不看她一眼，就冷漠地走進房間。當父親轉身離去的那一瞬間，她覺得自己真的被遺棄了，非常絕望與恐慌。

從此之後她開始相信，沒有人會真正愛她，除非她能做到別人的要求。她也相信外表不出色的自己，是不可能有人真正愛她的，除非她能讓自己的外型更亮眼一點。可是，男孩偏偏就是在她還沒來得及懂得打扮自己的時候，愛上了她。

所以對英綺來說，這是無法置信的，這份愛也始終被質疑，因為她並沒有滿足她自認的，能被愛的條件，所以不管男孩對她做什麼付出，她都不覺得男孩愛她。但她又非常渴望男孩愛她，所以她開始傷害自己，她想知道，如果她沒有「如何又如何」，男孩是不是還願意和她在一起？

很奇妙的是，提起這個男孩的個性、嗜好、家庭背景……英綺的了解很少。她似乎有點恍然大悟，在這段感情當中，她從來沒有去了解男孩的需求，從頭到尾，只是

不斷地想確認自己是否被愛。

英綺的故事來自於過往她的被否定，以至於她的情感不順利，她的內在不自覺的覺得自己不值得被愛。

像這樣被否定的故事，不只在英綺身上發生，也發生在許多人身上。因為兒時一句被否定的話，讓他們否定了自己往後的人生，感覺自己不可能被愛，所以也不愛自己。他們把自己的日子過得很頹廢、很漠然，每天只做著該做的事情，吃相同的食物，循著相同的路線上下班，非常「認命」地不為自己的人生努力。然而，他們還是感覺到內心很失落。

誰製造了我的心靈檔案

- 從英綺的故事中，你看到英綺遇到了什麼問題？
- 英綺的心靈檔案來自於哪裡呢？
- 從小到大，你有哪些「被否定」的故事？請靜靜的把故事重新說一遍。

在緊要關頭就出錯

曉萍從小就是一個好學生，在學習上非常努力，在學校生活表現也十分乖巧。可是她從小到大似乎運氣特別不好。

就在她國中基測考試的前一個星期，她發了一場高燒，一直到考基測當天身體還是非常地不舒服，因此基測沒有考得很好，低於預期標準很多。

曉萍參加過幾次校外演講比賽。她平時都練習得很好，可是有好幾次上台之後，她不是忘記和評審老師打招呼，就是在演講過程中，突然忘記幾句重要的台詞。不管曉萍在上台之前把這篇講稿背得有多麼滾瓜爛熟，她就是會突然忘記，尤其是那幾句最精采的。

等到曉萍開始找工作之後，同樣的情況也不時出現在她面試的時候。有時候她明明知道隔天早上要面試，可是就會睡過頭，不然就是正好趕不上公車；有時候曉萍到了早上才發現，她準備好要去面試的衣服根本穿不下、有污漬、有破洞；再不然就是她無法順利找到面試地點，永遠在最後一刻才趕到；最糟糕的情況是，她一定會在面試的時候說錯好幾句話。

後來曉萍換了幾份具有挑戰性的工作，最後都被炒魷魚，因為她總是在關鍵時刻把長官交代的事情搞砸。後來曉萍找到了一份比較沒有壓力的工作，就是單純地整理文件，每天只要把既定的工作做完就好，不必特別向主管交代什麼。這一次，曉萍總算鬆了一口氣了。

不過生活不可能永遠沒有壓力的。對曉萍來說，只要是遇到了壓力這件事情，她就會驚慌失措，即使是小小的壓力，對她來說也非常嚴重。曉萍在結婚前幾天突然一臉憂鬱地對她的未婚夫說：「我們的婚禮可不可以再延後幾天，因為我覺得我什麼都

沒有準備好。」

曉萍的話讓她的未婚夫差點暈倒，皺著眉頭對她說：「妳在開玩笑吧？」

「到底什麼東西沒有準備好？」

「我也不知道，好像就是缺少了什麼……我需要想一想……」

當然婚禮是不可能延後幾天舉行的，曉萍還是在未婚夫的安撫下如期結婚。不過在婚禮當天，曉萍不是覺得妝沒有化好，就是覺得衣服沒有穿好，進進出出化妝室好幾次，一直到耽誤了時間才肯出來。

曉萍身邊的親朋好友，有時候也會對曉萍充滿怨言，都說她老是慌慌張張的，對大家造成麻煩。

曉萍自己當然也不想要這樣，可是在她的身上就好像被下了蠱一樣，只要遇到了特別重要、特別緊急的事情，她的命運裡那個「出槌」的開關就會打開，造成災難。

原來如此

後來曉萍回想到自己七歲的時候，有一天和哥哥出去玩，結果哥哥玩球的時候，不小心把球砸到鄰居的玻璃窗上，玻璃應聲碎裂。那一瞬間，曉萍的神經緊繃到最高點，眼淚奪眶而出。可是接下來發生的事情讓她更絕望。

當時她的哥哥大叫一句：「慘了。」然後就拔腿逃走，也不管曉萍。

曉萍嚇得愣在那裡，一動也不動，一直到鄰居的媽媽跑出來看，看見曉萍，又看了看碎掉的玻璃，氣得表情扭曲，對曉萍破口大罵：「看妳這個孩子幹了什麼好事？我要叫妳媽媽好好教訓妳。」

她記得很清楚，就在哥哥闖禍的那一瞬間，她有多麼恐懼，而哥哥立刻逃走，對當時的她來說是多麼無助。當哥哥叫了那一聲「慘了」的時候，她覺得自己無論如何都難逃一劫了。這也讓往後曉萍遇到困難、遇到壓力的時候，她就覺得無助，覺得「慘了」，覺得自己無論如何都過不了這一關。

這樣的經驗，讓曉萍在往後面對各種壓力時，都不知不覺地讓自己走向失敗。「慘了」這兩個字，變成曉萍內心的魔咒，也是唯一的反應。

誰製造了我的心靈檔案

- 從曉萍的故事中，你看到曉萍遇到了什麼問題？
- 曉萍的心靈檔案來自於哪裡呢？
- 仔細的想想，從小到大，當自己遇到「壓力」時，會有哪些固定相同的反應出現？

PART 3 逆轉力法則

並不是只有遇到問題的人才需要逆轉

常常聽到很多的朋友問，喜歡心靈議題的人是不是都是生活遇到問題的人，才會想要走進心靈？

從事心靈工作多年，我必須這麼說：「確實有部分的人是因為生活遇到問題後，才開始探索心靈，但並不是每個走入心靈領域的人都是苦的。有部分的人是對生命產生好奇，想要了解生命更高的價值、意義，進而開始探索自己、探索生命。」

現實事件的問題，是「愛的靈魂」在提醒我們晉升

「危機就是轉機」，當現實世界遇到挫折時，正是反應我們內在世界需要提升。利用探索自己來更了解自己，提升自己的能量，能量一提升，問題就出現轉機。現實世界的問題正是我們「愛的靈魂」，透過現實事件來提醒我們更往上晉升，如果我們

忽略了，「愛的靈魂」就會不斷、不斷的透過各種事件來提醒，直到我們的生命能量提升。

生命故事較坎坷的人，需要更多時間逆轉

每個人的生命藍圖設計的程式不一樣，也沒有哪個好，哪個差。有些人選擇從生活的種種挫折中去磨練，體驗出生命的智慧，這是一種方式，這類型的人多半都有很「精彩」的生命故事。說精彩是好聽，其實就是很坎坷。很多真實的生命比八點檔連續劇還要曲折離奇，更驚險刺激。這些生命都充滿韌性，通常都有勇往直前的特質，走過這些種種後，透過自我探索，一開始是辛苦的，太多的生命空缺需要去看清楚、接受、填補，一個關卡走不過去，很難晉升到下一個關卡。因此要從身邊的事件，化做「愛的靈魂」的禮物並不容易，多半需要更多的時間來探索自己。

別擔心！只要有開始就是進步。我們都是勇敢的靈魂，讓我們一步一步更接近自

己，一點一點的敞開心，慢慢的看清楚、接受自己，逆轉出更強大的力量。生命之光就在我們的心中，隨時為我們而綻放。加油，勇敢的靈魂。

生命沒太多挫折的人，逆轉力強

另一類人，選擇淺嘗即止的人生，他們不見得會身體力行每個挫折，即便遇到問題，由於覺知力較強，很快的就可以轉變、轉化，更擅長於從別人的故事看見生命的智慧。不會每一件事情都一定要讓自己深陷泥濘後才尋找逆轉的方法。

由於覺知力高，多半在現實生活上也不會有太重大的事件來考驗。當他們開始探索自己、認識自己時，都擁有很大的逆轉力，往往可以加倍的接收到「愛的靈魂」所給的禮物，對於靈性的探討有無比的興趣。

不過，如果因為生活太順遂了，而忽略自我探索，無法接收到「愛的靈魂」的禮物，那麼漸漸的，愛的靈魂就會用更多的事件來提醒。

如果目前你的生命故事還沒有太重大的事件，還沒發生當機、中毒事件，恭喜你。請好好利用這個機會點重組磁碟，這時候的逆轉力是最強大的，好好把握這個時機，生命之光為你而啟動，喚醒愛的國度的振幅，讓生命中的愛持續發光，我們的靈光，足以喚醒更多的靈魂。

從「鏡子」看智慧

我以為每個人都會照鏡子

照鏡子對我來說是每天必須要做的事，不管有沒有錄影，早上一起來，梳洗的時候就會站在鏡子面前，簡單的把自己打理、打理。當需要錄影的時候，在鏡子面前的時間就更長了。我原本以為每個人都跟我一樣，每天或多或少都會照鏡子，從來不知道，有些人是不敢照鏡子的。

常常有人跟我訴苦，告訴我他的人生遇到了什麼，經歷了哪些驚濤駭浪，聽完後，我多半會問他：「你要扭轉嗎？」每個人都點頭告訴我：「要。」當我再問他們：「願意改變嗎？」這時有些人的防禦機制就啟動了：「又不是我的錯，為什麼是我要改變？你怎麼不去請犯錯的人改變……」

這時候，我多半會先給這些朋友一個課題：「找一面鏡子，看著自己的眼睛，告訴自己：『我已經準備好面對我自己了。』看著自己的眼睛，不斷的告訴自己：『我已經準備好面對我自己了。』」

這時，我常常聽到：「我已經很久沒照鏡子了。」、「我不敢看自己的眼睛。」

「嗯。沒關係。我們一起練習，先拿出鏡子來。」我安撫的說：「看著鏡子裡自己的眼睛，告訴自己：『我已經準備好面對自己了。』再一次『我已經準備好面對我自己了。』……」

有些朋友說出第一句「我已經準備好面對自己了」，情緒就開始激動，眼淚就不自覺的落下。這些都沒關係，淚水是最好的洗滌，有情緒就讓情緒隨著淚水流出來，在這裡，你可以很安心。這些過程，我也都經歷過。

只有準備好，才能啟動

透過鏡子，讓我們好好的跟自己相處，透過聲音的振動，讓「我已經準備好面對自己了」深入我們的內心，確認自己是不是已經準備好。「人生」這個議題，沒有捷徑，每個人都必須親自走過，沒有準備好自己走，只想找人，買一支魔法棒，給一顆止痛藥，就希望生活完全的轉變，那是不可能的。要是有人這麼跟你說：「你只要給我多少錢，我就可以改變你的生活。」我可以很肯定的告訴你：「他一定是騙你的。」改變要靠自己，靠自己去勇敢面對。

鏡子裡的大智慧

站在鏡子面前，看著自己，看到自己髮型有點亂，我們會動手整理「自己」的髮型。看到臉上有顆快冒出頭的青春痘，想要把它擠出來，要自己準備好，然後自己動手去擠「自己」臉上的痘痘，而不是拿膠帶把鏡子貼起來，當作看不到就不存在。鏡子，總是會如實的顯現出我們目前的狀況。絕不會有一頭亂髮，來到鏡子面前，變成一頭整齊有型的樣子。如果是這樣，小心！你的鏡子正在欺騙你的心。

鏡子並非只有在化妝間、浴室裡才有，鏡子無所不在。在這個大千世界裡，每個人、每件事、每張圖都是我們的鏡子，都可以照應出我們目前的狀況。

看到別人是什麼，其實就是看到自己

當我們看到一個人，覺得他的個性很機車、龜毛、吹毛求疵，其實，他只是鏡子，反應出來的是我們的個性很機車、龜毛、吹毛求疵，才會看到他的機車、龜毛、吹毛求疵。

前面我提到我會去嘮叨喬琪公主，東西不要亂丟，其實我是在提醒自己東西不要亂丟。看到她的亂丟，直覺的就連結到自己珍愛的東西亂丟，不見了。那都是我自己在提醒自己，是要嘮叨自己，而不是嘮叨喬琪公主。記得當時我在叨念喬琪公主，還

動手要幫他收東西時，另一個同事開口了：「不要動她的東西，不然她會找不到。」我立刻停止手邊的動作，做了一個投降的動作，反問：「她這樣亂丟，東西不會不見嗎？」那個同事回答我：「不會啦！太整齊了，才會不見。」

這時我發現一個好玩的事情了。我那個同事跟喬琪公主一樣，桌面是全辦公室最亂的兩號人物，她看到喬琪公主的桌面反應出：「太整齊，會找不到。」這正是她自己的觀念。

從喬琪公主這面鏡子，我看到「東西亂丟，會不見。」這位同事則是看到自己「太整齊，會找不到。」同樣一件事，但是我們兩個人看到的面向不一樣，因為我們兩個都是用自己的經驗在看喬琪公主，這兩個觀念都不一定是喬琪的，她只是一面鏡子，讓我們看到我們自己。

覺得別人是奧客，其實自己也是奧客

我有個朋友在航空公司工作，負責的工作是地勤的部分。常常跟我抱怨工作中遇到了哪些奧客，他們有哪些多麼糟糕的舉動。

這天我們約在餐廳用餐，他告訴我當他在執勤的時候，有個人來請他協助，他耐著性子告訴奧客所有的流程，並協助奧客填完該填的表格，當完成所有的手續後，奧客反悔了，開始詢問其他的，然後耐著性子再一次的協助奧客所有的流程。過程中，奧客還不斷的要求他：「能不能換一支黑色筆，我比較喜歡黑色的」、「這支不好寫，換一支好嗎？」、「麻煩幫我丟一下垃圾」、「可以給我一杯水嗎？」、「對不起，我寫錯了，請再給我一張新的」、「麻煩再給我一杯水」……這些舉動讓我那朋友氣壞了。

在聽他抱怨的同時，我也看到他不斷的對服務生要求：「這是什麼東西，難吃死了。你們要怎麼處理？」、「這水有味道，幫我換一杯」、「剛剛點的蝦不要了，我要換清蒸螃蟹」、「廚房的煙跑出來了，要熏死我啊！」、「這個位置太暗了」……找到說話的空檔，我反問朋友：「你為什麼那麼故意，要找服務生的麻煩？」他反

駁：「別人可以這樣找我的麻煩，為什麼我不可以？」我笑了笑沒再多說什麼……

從這件事中，我真的看到很好玩的事。他口中所說的奧客其實就是他自己，我深深的相信那個奧客是他「愛的靈魂」，讓他看見「自己也常常無厘頭的要求別人，自己就是自己口中的奧客。」

當我們把每件自己所遇到、看到的事，都當成鏡子時，我們可以看到生命中更深的智慧。當遇到讓自己情緒有所起伏的事時，先別急著反應去攻擊別人，深呼吸後，反問自己：

我為什麼會對這件事感到不舒服？

這件事觸動了我什麼？

這件事要讓我看到什麼智慧？

請記得，眼睛所看到外面的世界，其實是反應出我們心靈裡內在真正的狀況。

討厭電視的某個劇情，有可能是討厭自己的那些類似狀況。

討厭有錢人的花錢像流水，有可能是在討厭自己無法擁有金錢，或是討厭過往有類似行為的人曾經造成的傷害。

討厭老闆的種種規定，有可能是討厭自己達不到要求，或觸動自己曾經被否定的過去。

討厭老公早出晚歸，有可能是討厭自己掛念著小孩，想早出晚歸卻做不到。

凡事往內看自己，不再把箭頭指向他人，紛爭少一點，自己進步一點、快樂就會多一些。

改變從自己開始

改變，不是認輸。

改變，不是犯什麼錯。

改變，是愛自己的體現。

改變，是讓我們有更宏觀的角度看世界。

改變，從自己開始。在鏡子中看到自己的瀏海亂了，一定是動手去改變、整理自己的瀏海。不可能因為改變別人的瀏海就會讓自己的造型變美。改變，一定是從自己開始的。

很多人問我：「只要我改變了，就不會再遇到相同的事了嗎？」我必須要說的是：「你還是會再遇到同樣的事。但是，因為你處理事情的態度、方式不一樣，因此對你來說，原本困擾、難以決定的事情，一旦經由改變，而找到新方法、新視觀，那

麼事情對你來說就變得輕而易舉。既然是輕而易舉，當它再發生時，你也就順手面對、處理掉了。不是不會遇到，是已經不再害怕面對這件事，這件事也就不再成為讓你困擾的事件了。」

心靈夥伴很重要

在成長的路上，夥伴們相互的支持力量會讓我們更有勇氣向前走。每個人都來自不同的原生家庭，在原生家庭中，我們或多或少都需要一些填補、陪伴，未來的路才能走得更平順、自在。心靈夥伴就像一面鏡子，從中我們可以覺照到自己，彼此給彼此力量，彼此給彼此加油、打氣，一起不斷的轉動正面能量，向上成長。

下面四種卡，是我們在課程中，常常用來練習的，這些語言，不管對於自己或旁人都扮演很重要的潤滑，請好好善用這些正向的語言，不管是自我面對，還是跟心靈夥伴一起，都是很有力量的言語。

勇氣卡

使用時機：當自己準備好要好好探索自己之前，可以從下面找出幾句話，認真的、誠懇的告訴自己，讓我們更有力量的面對自己。

- 我願意打開自己的心，面對我自己。
- 我願意改變。每一次的轉換，都是一種提升。
- 我願意接受挑戰，每一次挑戰，都會讓我變得更好。
- 我願意利用這次機會，好好的面對自己。
- 我願意像其他人一樣，陪伴並且給予夥伴們支持的力量。
- 我願意努力的，好好面對我自己的生命。

我願意接受挑戰，
每一次挑戰，
都會讓我變得更好。

能量卡

使用時機：與「勇氣卡」相同，在探索自己的過程中，可以從下面找出幾句話，認真的、誠懇的告訴自己，讓我們更有力量的面對自己。

- 我可以放掉所有的身分，好好的跟自己相處。
- 我可以好好的整理自己，並且跟過往和解。
- 我可以勇敢的面對自己，開創更美好的人生。
- 我可以好好的愛自己，給自己滿滿的愛的能量。
- 我可以一點一點的更認識自己，並且開創無限潛能。

我可以好好的愛自己，
給自己滿滿的愛的能量。

支持卡

使用時機：團體活動或生活中，當聽到他人的故事後，給予支持的力量。

- 加油！你很棒！
- 你的故事很精彩，從你的故事中，我看到了生命的毅力。
- 謝謝你的分享，你的故事，讓我更有勇氣，面對自己的生命。
- 你很勇敢，這麼艱辛的過程都走過了，明天會更好！
- 從你的故事中，我看到智慧的光芒。
- 從你的生命中，我看到堅持、毅力。
- 你是個天使，生命充滿無限可能。

你很勇敢，
這麼艱辛的過程都走過了，
明天會更好！

感謝卡

使用時機：團體活動或生活中，把心中的感謝、溫暖回饋給對方，對彼此雙方都很有力量。

- 感謝你的傾聽，我感到非常溫暖。
- 感謝你的支持，讓我感受到「被關注」的力量。
- 謝謝你的支持，讓我更有勇氣。
- 謝謝你給我力量，我會更加油。
- 謝謝你的陪伴，讓我覺得不孤單。
- 謝謝你，我們一起加油、打氣。
- 謝謝你，我們一起創造生命的奇蹟。
- 感謝你，你的鼓勵讓我充滿喜悅。

逆轉力法則七步驟

這套逆轉力法則，是我們一群心靈夥伴一起研討出來的，我們總是喜歡聚在一起分享生活、生命的點滴，從許許多多的心靈課程，與個人經驗中，在你一言我一語的狀態下，這七大步驟產生了，我們沒有名師，也不是來自任何一個學派系統，這些都是我們這些年來透過大大小小的課程、體驗中，最後總結出來能夠切實的讓我們落實在生活中的方法，這七大步驟是讓我們隨時隨地觀照生活中的每個事件的起伏，從事件中牽引出自己深層未知的故事，再透過這些故事，重新整理、面對後產生新的認知，是一個可以落實在生活中簡單、有效自我探索的方法。

透過日常生活中的小事件，引出更深層的真正問題，喚醒本自具足的智慧，透過了解自己，接受自己，開創自己，創造更美好、更快樂、更幸福、更知足、更富裕的人生。

逆轉力法則最主要的是善用「鏡子的智慧」，從生活的事件中看見自己，再更深入的發覺自己所不知道的「慣性」，從慣性中去連結造成這件事的可能原因來自哪裡？看清楚後，再重新理解，讓自己用更多視角去看待，避免讓自己陷入「我以為」、「我認為」的泥濘。然後開啟一個新的檔案夾，將過往所有類似的檔案全部歸檔進去，生命的硬碟才有多餘的空間可以重新夢想，重新放入更多計畫。

下面，我將用一個「iの逆轉力」課程中學員的真實經驗與大家分享，這個案例是最完整，又不複雜，可輕易的讓我們明白這七大步驟的案例。

步驟一：事件

星星在某知名大學從事行政職務，白天是個樸實安分的上班族，夜晚則是裝扮得時髦、妖豔，充滿活力，動感十足，經常出入舞廳、PUB的辣媽。不管白天、黑夜，這兩個截然不同個性的人都是她。

星星怕黑，校園裡有個湖，當夜晚來臨時，湖邊只有兩三盞昏暗的路燈，湖邊垂掛著楊柳，風吹來颯颯聲，在她聽來就彷彿有人跟在她後面，自己過度的想像讓她頭皮發麻，還常常聽同事繪聲繪影的說有人在那邊看到阿飄，還不時傳來哀怨的哭泣聲……前不久，還有一位久病厭世的人選擇在湖邊結束生命，從小膽小如鼠的她更聽得心生膽怯，晚上下班，每每要經過那個地方，不是一鼓作氣的飛奔跑過，就是選擇繞路而行。

以上就是星星第一個步驟的探索。

步驟二：判斷

星星從自己的故事中，抓出了「黑」是讓她最恐懼的。

步驟三：類似相關事件

就步驟二所確定出來的「觸動點」，去回想，從小到大有沒有與這個「觸動點」相類似的故事，直覺想到的事件就說出來，不用嚴格的去判斷，只要是「類似」的就可以，不用非得要一樣不可。這個時間點，會想到的那些事情，都一定會有一些類似相關之處。至少找出二至三件類似「觸動點」的心靈檔案，用故事的方式，把它完整的說出來。

這二至三件故事是什麼？一樣把人、事、時、地、物、感覺說出來。

星星從中又找到了一個類似的故事。

先生已經往生了，在生病期間，她對先生的照顧是無微不至，即便他們感情不是很親密，至少她對得起自己，盡心盡力的照顧他到人生的終點。

「我們家三個人，一人一個房間，我並沒有跟先生同房。」，她當場畫了家裡的格局圖給大家看。「走廊的底端是先生的房間，右手邊是我的。所以，我要回自己的房間，一定要先面對先生的房間。現在他不在了，那個房間黑黑的，看得我好怕。不

是低頭走過，避開眼光直接接觸漆黑的房間，就是把所有的燈都打開。」

步驟四：慣性動作

就步驟一的心靈檔案，加上步驟三的心靈檔案，至少就會有二至三個故事，讓我們把這二至三個故事拿出來比對看看，從這些故事中，是不是看到了自己在遇到這些類似事情時，都會有一些雷同的處理方式、動作？這些雷同的方式，我們稱為「慣性」。

就這個步驟中，我們最主要的就是要「發現慣性」。

星星回憶起，在校園中她的習慣動作就是快跑穿越，不然就是繞路，快速離開那個湖。

就第二件事來說，要回自己的房間，一定要先面對先生的房間，目前她的處理方式是：低頭快速走過、關上房門、把燈都打開……

綜合以上兩個狀況，星星找到了自己的慣性，遇到「黑」會害怕的時候，就是

「趕快逃走」、「眼不見為淨」。

步驟五：連結力

星星很快的連結到的心靈檔案是小的時候，外婆很寵她，那麼多的兄弟姊妹裡，獨獨只帶她去看電影。第一次進到電影院，對星星來說很新奇，有一個好大好大的螢幕在眼前，星星開心的跟著外婆，開心雀躍的跟外婆一起坐在電影院裡，不時的看看外婆，對外婆笑笑，又抓抓椅子，好奇的望著一個一個進來的人。

剎那間，燈光暗了下來，巨大的音響，震撼得讓星星不斷的微笑，雖然不是很明白電影所要表達的內容，仍然看得津津有味。突然間，一聲巨響，星星聽到很詭異的聲音響起，突然毛骨悚然，螢幕上出現很恐怖、猙獰的人，他們說那是「鬼」。這樣的影像、聲音讓星星很害怕，她趕緊把眼睛閉上，不敢看。不斷的躲到外婆懷裡，一陣陣恐怖的聲音，不成調的話語不斷的傳來，看得星星冷汗直流……

從這個故事中，星星連結到電影院的「黑」，然後出現的「鬼」，日後，星星常常把「黑」跟「鬼」畫上等號。

因此，不管是在校園裡看到的「黑」，還是家中先生房間的「黑」，都觸動星星無意識的聯想到小時候看電影對於「黑」、「鬼」的未知與害怕。

步驟六：重新組合、重新理解事件

星星開始一個步驟一個步驟的重新組合、理解這件事。每一句她所說出來的話，都是她的心靈檔案。

釋放負面情緒

星星說：「當時我真的很害怕，那個聲音真的很恐怖。我不敢跟外婆說我不敢看，要回家。我怕以後外婆就不再帶我出來看電影。所以只要聽到恐怖的聲音，就閉著眼睛、抓著外婆的手臂，直到電影結束。」

長大後的自己，回看這件事

長大後的星星所理解：電影是假的，聲音是音效做出來的，根本沒有「鬼」。

重新理解，除了自己當時的「想法」外，其他的想法

在這個階段，星星非常驚訝的露出燦爛的笑容：

- 我害怕的不是鬼，而是突如其來的聲音，也就是在我無預警時所發生的事。
- 外婆很疼我，她常常會帶我去看電影。
- 外婆也不知道那一部片有那樣的場景，之後帶我去看的，都是很好玩、好看的電影。
- 這麼多兄弟姊妹裡，外婆最常帶我出去。
- 我很幸運，那個年代可以看電影的人並不多。

愛的靈魂，要協助我們體會的智慧是什麼？

看清楚真相；看到外婆的愛；看到我比許多人幸福。

寫信給小時候的自己

親愛的小星星：

辛苦了，很抱歉這麼久才來看妳。不用擔心、不要怕。妳一切的一切都很好喔！

我知道妳怕黑，那是因為外婆第一次帶妳去看電影的時候沒有留意到這是一部有恐怖畫面的電影，外婆不是故意的，讓妳受怕了。妳看，妳的右邊有個大音箱，左邊也有一個，那個恐怖的聲音就是從那裡出來的。

來，我們一起到化妝室看看，妳看到了嗎？電影裡面妳認為的「鬼」都是這樣被精緻的刻畫出來的，他們都是人所扮演的，都不是鬼。妳是因為跟外婆出來太開心了，沒有留意電影劇情的發展，才會被突如其來的聲音、影像嚇到。來，我們再回到電影院重新看一次電影，準備好喔，就是這邊會有一聲尖銳的女子尖叫聲，來了！

「啊——啊——」準備好喔，接下來會有一個眼睛瞪得很大的人出現，就是這裡了。呵呵，妳看，這一次我們有準備，是不是就沒再被嚇到了？

很多的恐懼都是在我們沒準備好的情況下發生的，因為沒有準備我們才會害怕，只要像這樣，再一次的把真相看清楚就不會害怕了，妳看，這一次，妳不就已經不再害怕了？

過去，因為妳沒有方法，所以妳會怕黑，妳誤以為黑就是鬼，現在是不是更清楚明白黑不代表鬼？

小星星，妳一直以來都很勇敢，未來妳還是會有一些考驗，但是妳都能找到方法，勇敢的走過。不要擔心，不要害怕，一路上我都會陪著妳。未來的妳會有個很貼心的兒子陪著妳，也會有一份很不錯的工作。大家都很喜歡妳，妳是大家的開心果。我會隨時陪著妳、伴著妳。我們一直都不孤單喔。因為我們有彼此，有外婆的愛、媽媽、爸爸的愛。看吧，我們是不是擁有滿滿的愛呢？這些愛的力量，會陪著我們走過

每個低潮喔！加油！我們一直都在一起，一直都不孤單。我愛妳，我可愛的小星星。

星星於二〇〇九、九、十八

步驟七：命名

為心靈檔案新開一個資料夾，並且「命名」

生命所經歷的每一件事，所理解的每一個想法，都是我們的心靈檔案，平常散落在各處，現在從淺至深牽引出來後，幫這檔案開一個新資料夾，把它們都放到同一個地方去。就像電腦硬碟裡的檔案一樣，散落一地時，很難一目瞭然，透過新開資料夾，命名後歸檔，日後遇到類似的事件，也有個歸依，更知道是哪個檔案夾的事件在作祟。

星星為自己這個心靈檔案命名為【消失的一九六五】。

【消失的一九六五】一開始裝的是「怕黑」、「鬼」、「繞路」、「眼不見為淨」這些負面的檔案。

透過逆轉力法則後的【消失的一九六五】裡頭，多了「外婆的愛」、「幸福」、「看清楚真相」這三個正面能量的心靈檔案。

現在的星星，看到黑，不再像以前那麼急於想要逃離；看到黑，反而讓她想起那消失遺忘了的愛。每次想到外婆的愛，星星嘴角就不自覺的上揚，心裡暖暖的。而星星也不自覺的發出愛的能量與吸引力。

重整心靈檔案

關於心靈檔案的形成，在這裡更進一步的分成兩大類：「外來檔案」、「原生檔案」。

外來檔案

- 心靈檔案由模仿而來：透過眼睛，看到而模仿、複製而來。
- 心靈檔案是別人所灌輸：透過耳朵，聽到的種種觀念、語言。

這些觀念是別人給我們的，當發覺到這類型的檔案時，先判斷，這些觀念是模仿誰？誰給我們的？然後問自己，現在的我認同這樣的觀念嗎？認同的原因是什麼？不認同的原因是什麼？可以再加入哪些觀點？

每個人從小到大或多或少都有「被否定」、「不夠好」的經驗。

中國的父母親，為了表現中國的美德「謙虛」，常常會在親戚朋友面前誇別人的小孩，而貶低自己的孩子。這是一個學員的故事，從小他成績優異，印象很深刻的是，每次有聚會的時候，爸爸總是跟親戚說：「你們家小伍好厲害喔，哪像我們家阿勇樣樣都不好。」每當爸爸這麼說阿勇的時候，阿勇就很氣憤：「小伍在學校明明什麼都輸我，我還常常拿獎狀耶，為什麼老說我不好？」這些話阿勇只敢在心裡說，不敢說出來，每次只要反駁，父親都拿出籐條打得他皮開肉綻的。

好幾次阿勇都很努力，考了班上第一名，但是爸爸非但沒誇獎他，更損他：「拜託。你是你們班第一名，又不是全鄉鎮第一名，真是沒用……」不管怎麼努力，阿勇始終得不到父親的認可，久了，他也不想那麼努力了。當他成績不好的時候，爸爸一樣是那句：「真沒用。」阿勇也不在乎，直到有一次班上只有三十名，他的成績卻掉到班上二十三名，爸爸又開始發飆，對他又打又罵的。那次之後，阿勇心想：我的名次已經這麼後面了，要是我下次進步到前五名，爸爸應該就不會再罵我了吧？果不其然的，阿勇的成績一躍跳到了班上的第三名，阿勇帶著喜悅的表情告訴爸爸，我進步了二十名喔，我這次考第三名。正等著爸爸的誇獎，沒想到爸爸又說：「真沒用。就只會考第三名……」

現在阿勇已經四十多歲了，人生經歷過許多次的大起大落，好的時候曾經擁有七、八千萬的資產，卻也曾負債四、五千萬，這樣的遊戲他膩了。

在課程中，我問阿勇：「成績掉到那麼後面是有意？還是無意？」

阿勇答：「我是故意的。」

沒等我問，他就繼續說：「我明明很優秀，為什麼爸爸老是說我沒用？我就是故意考不好，然後再進步，這樣至少不會說我沒用。結果，還不是一樣，都說我沒

用。」

我請阿勇就目前事業的起落，跟以往成績做個比對，有沒有什麼雷同的，阿勇想了想，突然發出一個聲響：「啊！」我笑了笑，我知道他看到答案了。阿勇說：「我的事業跟我的成績是一樣的，都高高低低、起起落落。」大家很為阿勇高興：「嗯，很棒！」

我繼續問：「爸爸說你沒用，你自己覺得呢？」

阿勇：「我不覺得啊！從小我的成績一直都不錯啊！就算考不好，那也是故意的。」

我請阿勇再重複一次上面這句話，讓他再次確認自己的想法。

我把音調放低，看著阿勇的眼睛：「為什麼是故意的？」

阿勇突然低下頭，怯懦懦的說：「我想得到父親的認可。所以，我的事業也是這樣高高低低的，原來，我在等一句父親對我的讚美。」

這時，另一個學員給阿勇支持的力量：「阿勇，你很棒！你爸爸只是不希望你太自滿才會這麼說，實際上，他是以你為傲的。因為我就是這樣的心態，也不斷的傷害到我女兒。謝謝你。從你的故事，我看到生命的智慧。真的謝謝你的分享。」現場再次響起一片掌聲。據我所知，現在阿勇跟他爸爸的關係逐漸在修復中，他的事業也漸漸的有了起色。阿勇將這個故事命名為【爸爸，我很優秀】。

關於「外來檔案」，都是我們身邊的重要人物、權威人士附加給我們的，都不是我們原本就有的，久了就會以為自己真的是聽到的那樣，或者就會用模仿而來的方式去應對日後的生活。

如果你發現你的心靈檔案中有負面的「外來檔案」，請你現在先「畫個界線」，做個防護罩，暫時先隔離一下那個檔案。然後找個時間好好的利用「逆轉力法則」的七步驟，去重新整理那個心靈檔案，將病毒清除後再放到資料庫裡。

原生檔案

- **心靈檔案是自己的特殊事件：**自己親身經歷所產生的。

特殊事件，都是跟自己親身經歷有關，也就是說，這個心靈檔案是自己身體力行走過所得到的智慧，如同我的「沒收好，就會不見」是一樣的，因此這樣的病毒檔，是比較難立即畫出隔離區的。一定要從「逆轉力法則」裡去認識更深層的自己，並用更包容的心，去接受更多元的觀念，重新組合檔案。這幾乎沒有捷徑，只要面對，重新整理。

無法立即處理的檔案，先鎖到保險箱

「逆轉力法則」七個步驟中，步驟五「連結力」與步驟六「重新組合」對一般人來說是比較困難的，這需要一些時間的練習。

因此，要是遇到無法立即「連結」與「重新組合」的事件，可以直接跳到步驟七「命名」，先開好一個新的資料夾，並且給它一個名字。

在心中做一個「儀式」，先把這個資料夾放進去一個華麗的珠寶盒或高貴的木盒中，再拿出一個你喜歡的包裝紙，把它包起來，打包得越漂亮越好，這裡面將有很珍貴的禮物會在日後時機成熟時送給我們，因此，現在我們要儘可能的把它打包得漂漂亮亮的，然後放進心靈的保險箱，好好的保存。

有一些事件，可能牽涉到很多人，需要更多的時間去理清楚，不是我們現在一時半刻就能處理的——沒關係，等待也是一種智慧，更是一種體驗。那就給自己一些時間吧！先做「命名」的動作。萬一在這當中又遇到類似的事件，可以很快的歸檔，知道自己哪個檔案、哪個防禦機制在作祟。至少是明明白白了解自己，而不再莫名其妙的被情緒牽著跑。

我保險箱裡的「永久住址」

前面我提過自己因為從小不斷的搬家，導致自己非常沒有安全感，在一次重新整理的過程中，我發現自己誤以為買「房子」等於「家」，因此不斷的買房子，現在知道房子只是個「殼」，而我要撫平的，其實是小時候那個不斷漂流，永遠寫不下「永

久住址」那顆受傷的心，因此，我把這一路走來居無定所、飄飄蕩蕩、沒安全感、渴望「家」的種種檔案開了一個檔案夾，命名為「永久住址」。

在「永久住址」中，我看見了自己對「家」的渴望，也找到了自己內在沒安全感的根源。然而，看見問題只是面對問題的開始，我還是需要去圓滿小時候沒有「家」的遺憾。因此，這個永久住址一開始被我包裝得非常精美，暫時先放到心靈保險箱。不過，「永久住址」被放進保險箱的日子沒有很久，就被我拿出來執行了。

打開保險箱的禮物——我的「永久住址」

執行「永久住址」

在主持TVBS-G台「台客練習曲」的時候，走訪許多民宿，我羨慕的不是那些民宿有多漂亮、莊園腹地有多大，讓我感動的是那一則則生命的故事。記得一次在台南的北門鄉訪問一位洪爸爸，大部分的人都外移了，只有廟會活動的時候才會回到家鄉。當家人回來的時候，天氣很熱，沒樹可以乘涼，於是洪爸爸興起了種樹的念頭。十年前洪爸爸開始種樹，三年後家人一個、一個的返鄉，記得他有個台大碩士的兒子，也從台北回到家鄉，一家人和樂融融的，真的是樹種了，鳥來了，漸漸的家人也都回來了。雖然只是短暫的拜訪，他們一家和樂溫馨的畫面，不時的在我腦海當中盤旋。

透過「台客練習曲」，走訪了好多地方，曾經，我也想過要打造一個屬於自己的

莊園，後來，「永久住址」提醒了我，我要先修補的是自己對「家」的感受。

內在小孩要長大

於是，我開始回到小時候，不時的安撫小時候那個小小篤霖，每到一個地方，喚醒一些童年的記憶時，我就會跟小時候的自己對話，一起面對當時在這些地方所發生的故事，告訴他，別害怕，一切都很好，即便有一些挫折，我也都會一直陪著他，到現在四十四歲了，我們一直都走得很好，不用擔心，勇敢的向前走。在這樣的對話過程中，我彷彿看到那個垂頭喪氣的小小篤霖，眼睛又閃著光芒，而現在這個四十四歲的我，也無比的輕鬆、自在。

下面是四十四歲的我，給小時候的小篤霖的信。

親愛的小篤霖：

我看到你在晚上九點、十點還一個人坐在文山國中大門口的路燈下的溜滑梯上，這麼晚了，天涼了，已經入秋了，小朋友們都早已回家準備上床了。

你一個人坐在那兒，下巴無力的靠在膝上，望著黑黑的山下，盼望著何時能有熟悉的身影慢慢的上山回來，陪你回到那個小巷子裡黑黑的家。家人呢？你知道爸爸好久沒回來了，上次見著爸爸的時候還有點陌生，過了好幾秒後才回神的叫：「爸。」後來，爸爸牽起你的手回家，開心。這已經不知道是多久前的事了，今天，應該等不到吧！哥哥呢？哥哥比你大得多，都住校了，今天晚上能等到的應該就是做完生意，背著大包衣服、軀著身一步一步慢慢上山的媽媽吧！

國中三年級下學期的時候，大家都開始在討論一個你從來沒想過，也沒興趣說的事：「未來在哪裡？」不談了，玩吧！

畢業後，同學都散了，在不同的學校、做不同的事，而你沒考上藝專，不知道要做什麼，第一次翻開報紙的求職欄，心想：「我是誰？我能做什麼工作？職業有很多種類，我都不知道是什麼？哪一個是我能做的？火車的跟班小弟是我明天的故事嗎？

我，不知道。」

篤霖，別怕！我在這裡陪著你，你因為小時候的孤單而特別喜歡熱鬧，接下來的生命將非常的熱鬧。你也將會為了填補心中空虛的家，而努力工作。進而買了許多的房子而開心。爾後又疑惑，孤單的是「心」，而房子卻填不進去，加油！你又找到方法、方向了，你心中的空缺將是滿的，是你從來沒有感受過的，甚至多到能流出來分享給別人。

現在的你一定會問我：「真的嗎？」是真的！你努力的把家人找在一起團聚了，心裡那個黑黑小小的房子將點著燈，家人圍著大圓桌，菜香看得見、開心看得見、溫暖看得見，真好！而你的家人比現在更多了，熱鬧。

而你將貪著「愛」、分著「愛」，有你真好，別怕！我都在，陪著你……

篤霖二〇〇九、十、二十八

他好討厭喔！每天都要在我們家吃飯

小時候，爸媽離異，哥哥們住校，媽媽外出工作，每到晚餐都只有我一個人。我特別喜歡到同學家裡玩，我知道晚餐時間到了，我應該要回家，但我還是繼續待著假裝看電視，我不想回到那個漆黑、只有自己一個人的地方……這時耳邊響起同學爸爸的聲音：「篤霖啊！一起吃飯吧！」我就會很高興的跳上他們家的餐桌，其實這是我對家的憧憬。每天，我都喜歡往同學家跑，即便同學的妹妹牙癢癢的說：「他好討厭喔！都不回家，每天都要在我們家吃飯。」我還是充耳不聞，繼續看電視，繼續等待被同學的爸爸喊吃飯……

我真的好感恩那個同學的爸爸，他讓我有了與家人圍成圈一起吃飯的溫馨景象。我的心靈夥伴們知道我過往的故事，總是協助我一起填補小時候所沒有的空缺，一起協助我讓內在的小小篤霖長大，我們常常在公司開伙，呼朋引伴的圓滿小時候所欠缺的晚餐拼圖。

「永久住址」動工了

就在我開始回去修復小時候的創傷時，我心中的「永久住址」出現了。去年底，我回到爸爸的出生地「東北」，在一個機緣下，我買下了爸爸出生的那塊土地，我知道要如何圓滿自己永久住址的夢想了。

雖然「永久住址」只是一個象徵，不過對我來說意義非凡。因此，我選擇除了圓滿心中「家」的圖像外，也用物質的「房子」來當自己階段性的夢想目標。那是父親出生的地方，而現在，父親就長眠於對面的山頭，那裡還有三位姊姊、姊夫，及一大堆的外甥……與其選擇其他地方，不如選擇爸爸的故鄉。

當我的「永久住址」一定下來，我整個人變得更安定、有衝勁。除了時時檢視工程進度外，也時時檢視心靈檔案。在公司的時候，如果沒有會議，我多半會拿起抹布一邊擦拭桌面、窗櫺，一邊擦拭心靈的明鏡台。生活變得很簡單，卻很充實；很平凡，卻很滿足。

心靈檔案可以重新命名，也可以刪除

每隔一陣子，重新檢視保險箱

生命繼續著，每一天都有不同成長，每隔一段時間就要檢視一下自己的資料夾，有一些放在保險箱的，可以拿出來重新面對、重新組合。

勇敢的重新命名

有些命名，也會因為時間而有不同的領悟，這時，之前的命名或許已經不適用於現在的自己了，在不斷不斷放入心靈檔案的過程中，有了另一個名詞可以對這些事件有更好的詮釋，那就勇敢的重新命名吧！

已經內化、沒有任何作用的資料夾可以刪除

有一些已經重新組合完成的，並且在生活上已經內化成自己的人格特質、觀念

的，這些資料夾的名字也漸漸被我們遺忘。這是好事，因為這些事件已經不起作用，沒有任何的作用力了，也就是刪除的時機到了，這樣才能讓更多新的目標住進來。

PART 4 相信就會看見

我終於知道那是怎麼一回事了

我是一個十分鐵齒的人，雖然十年前就參加過一些心靈團體的讀書會，但是那時候的我總是用懷疑的眼神看這些「搞心靈」的人，感覺他們就是一群怪怪的人，說著怪怪的話，太多的成見讓我看不見搞心靈的人他們所謂的智慧、喜悅。這當中陸陸續續、陸陸續續去上了一些課程，也開始慢慢體驗，直到三年前我選擇「相信」，現在的我才真的「看見」。

我發現，很多人把心靈說得很神奇，甚至說得有點怪力亂神，什麼「宇宙是你的銀行，跟宇宙下訂單」、「自己改變了，別人就會改變」、「高靈、守護靈告訴我」……這在多年前的我，可能會嗤之以鼻的說：「騙肖耶。」然後轉頭就走，現在的我終於知道那是怎麼一回事了，其實，沒那麼神祕。

宇宙是你的銀行，跟宇宙下訂單

這就是「專注」的概念，我想，你一定有這種經驗。一旦我們開始注意某一個東西，你就會發現滿街都是那樣東西……

當你開始注意一款新的手機，你就會開始留意任何有關那款手機的評價，不管走到哪裡，眼光總會多瞄兩眼，就會發現，哇！有好多這方面的訊息。你周邊的朋友也會受你的感染，開始注意這個商品的動向，然後跟你一起討論的人越來越多，要是你真的很喜歡那款手機，發出了想要的訊息，你身邊的朋友會知道，然後，突然有一天，在你的桌上，就出現了這樣一支手機，原來，那是身旁一直不知道要送什麼生日禮物給你的那些朋友，注意到你的需求送你的。

有了這樣的理解後，對於「宇宙是你的銀行，跟宇宙下訂單」就不覺得神祕了。

自己改變了，別人就會改變

人跟人的相處就像是齒輪一樣，一個轉動，其他的就會跟著轉動；一個停止了，其餘的也無法運轉，硬要轉動它，最後全部都會支離破碎。

很多人會說：「為什麼是我要改，不是他？」當然，你也可以叫他改，問題是你要花多少時間去體驗彼此折磨的痛苦，然後撐到最後一口氣，終於讓他為你改變？

最快的方法，是我們自己改變想法，這並不是認輸，而是「愛自己」，讓自己的能量可以更順暢。人跟人的相處很有意思，每個人都有自己的價值觀、防禦機制，當我們發現目前的相處方式已經觸礁了，再用相同的方式應對十年，還是不會改變，除非這中間有一個人開始轉變，轉變與過往不同的價值觀，那麼，應對上也會不同，當對方一個拳頭過來，正等待我們的反擊，這時候我們不反擊了，因為我們知道他最主要的目的是要引起我們的反擊，因此我們禁止不動，對方也會沒戲唱，我們只是改變一個想法，不對立，不陷入對方的陷阱，所有的結果就跟以前不一樣了。

如同齒輪運動，只要轉動一個，其餘的就會跟著改變，因此，在學員當中，可以很明顯的看到，當學員的想法、價值觀改變了。全家人的對待方式也不一樣了。

高靈、守護靈告訴我……

真的有高靈、守護靈嗎？我們總是對未知充滿好奇，有些人深信不已，有些人對這樣的說法會嗤之以鼻，我以前是後者。

現在，我明白了。那都是另一個高層次的「我」，每個人都擁有這些覺智，如同每個人都有一顆如鑽石般美的心，擁有最純淨、閃亮的智慧光芒，放在空氣中，久了會卡灰塵，當越卡越多，就越來越看不見鑽石的光，再久一點，連自己是鑽石都忘了，每天為了柴米油鹽醬醋茶就已經忙得不可開交，更沒有時間去擦拭心中的鑽石。

「愛自己」就給自己一些時間、空間吧！把自己的塵埃一層一層的拭去，每個人都可以是高靈，每個人都可以說出很有智慧的話語，別小看你自己喔。你就是你自己

的「神」。不要再外求了，當自己的心不夠清明，不管多好的東西來到我們面前，我們都看不見的。不要像我一樣，花了十年，你可以更快的。

從心想事不成，到心想事成

剛剛提到專注力可以讓宇宙變成是我們的銀行，我們可以跟宇宙下訂單，既然心想事成的概念是可行的，那麼為什麼那麼多的人，無法做到呢？這中間是不是有一些學問在裡頭？我不敢說，我的想法是百分百的正確，就依我個人與身邊朋友的經驗跟大家分享一些概念。

「病毒檔案」讓我們心想事不成

什麼是病毒檔案？就是那些會干擾我們往前走的心靈檔案。也就是那些我們習以為常的「慣性動作」。

「心想事成」對我來說，並不是目的，只是一個過程。是一個自我檢視的過程，檢視自己是否真的認識自己了，檢視自己在這個過程中有哪些情緒被觸動，然後再用

「逆轉力法則」去運行，去發現自己還有哪些「慣性動作」。從中發現自己還有什麼根深蒂固的「心靈檔案」是需要調整，用更開放的心去接受更多不同角度的觀點。

我們都跟宇宙下錯訂單

很多人，都不知道自己真正想要的是什麼，每個人都希望可以「中樂透」。中樂透只是一個想要轉變現實生活某種狀態的想法，並不見得是我們真正的想法。

如果中樂透是我們真正的想法，我們會對中樂透後的日子有完整的規劃，而不是中樂透後，有悔恨的想法。不管是美國還是英國，都有一些樂透得主悔恨中樂透後的生活，都希望回到沒中樂透的日子。這都是因為他們「不知道」自己要的是什麼。

前不久，英國有位二十二歲女子現身說法，六年前，她高舉兩百萬英磅，約台幣一億元，一夕間成了億萬富翁，本以為從此可以無憂無慮的過一生，誰知道，這六年裡她身染毒癮，把錢花在買毒品上，六年後，把一億的鉅款全部花光光，財務狀況回到六年前沒有中樂透的原點。她還感嘆的說：「天上掉下來的千萬之財，缺乏理智去處理，只會變成一場災難。」

很多人只想「中樂透」，卻不明白自己為什麼想中樂透。有些人想中樂透是因為現在工作不如意，也許人際關係不好，也有可能是才能無法發揮，或是工作太忙、太累，想要休息……心想，中樂透可以不用繼續工作。那麼，要跟宇宙下訂單，並不是下「中樂透」，而是目前真正遇到的瓶頸，要正視的是自己真正要的是什麼，而不是中樂透。

我有個朋友，小柔。她是一個很上進、很努力的年輕女孩子。她在工作上非常地認真，做事非常地實在。當我稱讚她的工作態度和能力時，她雙手一攤，很誠實地對我說：「其實我做得很累，很想放長假。如果我有一大筆錢，我不想做得這麼辛苦。」

有一天我和小柔閒聊，跟她提到向宇宙下訂單的概念，她下了一個「賺大錢，發大財」的訂單。幾個月後，小柔很哀怨地打電話給我，說公司要送她去美國總部進修

半年，要離開台灣半年。

「那很好啊，恭喜妳。」我誠心誠意地對她說。

「哪裡好？篤霖哥。這半年薪水也沒有增加，進修回來我也沒有那麼快升遷啊。倒是很可憐地要離鄉背景。」

「喔？那妳去美國要做些什麼事情？」

「很無聊啦，每天早上八點鐘進總部報到，聽主管上課。中午過後就沒事了。」

「這不是很像放假嗎？我記得之前妳說很想放長假。現在好了，工作時數從每天超過十個小時，到每天只剩下四個小時，薪水一點都沒有減少，這不是放假是什麼？」

「你這麼說好像很有道理，篤霖哥。那我就當作自己放假好了。」小柔對我說：「我剛才整理皮夾的時候，看見幾個月前寫的『賺大錢，發大財』那張紙條，就是心想事成的那張，覺得真是心酸，這半年來我也沒發什麼財，連薪水都沒有增加一塊錢。」

「妳為什麼這麼想賺大錢，發大財呢？」

「因為我不想工作得那麼辛苦啊！我已經連續工作了七、八年都沒有休息過，每一年的假都沒有休完。我不敢辭職或者放長假，因為我的存款不夠多，我還要為退休作規劃，可是我真的很累……」

「妳喜歡妳目前的工作嗎？」我想瞭解小柔真正的想法。

「喜歡啊。如果可以不這麼累，那就更完美了。」我看到小柔臉上充滿自信的神情。

「妳為什麼喜歡妳的工作？」我繼續提問。

「嗯，很有成就感啊。每次衝過一個挑戰，我就覺得自己的人生又向前跨一步。」小柔很快的反應，一點也不加思索的回答。

「要是妳賺大錢發大財了，妳會完全不想工作嗎？」我繼續確認小柔內心真正的想法。「不工作的妳要做什麼？」

「也不是這麼說，只是不想那麼累的工作，我還是很喜歡這個工作的。」小柔反駁著說。

確認了小柔的想法後，我跟她說：「其實妳已經心想事成了。」

「篤霖哥，你是在安慰我嗎？」

「我不是在安慰妳。妳仔細想想看，妳喜歡妳的工作，只是現在工作太累了。妳想休息。但是妳不敢辭職，妳怕妳存的錢無法負擔妳不工作後的開銷。要妳真的完全不工作，妳可能又會覺得人生沒有挑戰，所以，妳只是希望可以不用為了錢，每天工作十幾個小時，現在妳要去美國進修，可以過半年妳說的那種『無聊的日子』，這難道不是妳要的『休息、放假』，妳不是已經心想事成了嗎？」

「是耶。」

「妳只是跟宇宙下錯訂單了。妳內心真實的想法是『不用為了錢，每天工作十幾個小時』，這跟『賺大錢，發大財』是兩回事。」

其實，從言談中，小柔非常熱愛她的工作，只有熱愛自己工作的人，才會像她在工作上表現得這麼盡心盡力。就算哪天小柔真的發財，她也不可能辭去她的工作。她之所以有想發財的念頭，只是因為她藉著「發財了就不用工作」的想法，來抒發她的工作壓力。

有太多時候我們其實並不了解自己的需求，了解自己真正想要什麼。如果你真的不確定你想要什麼，那麼宇宙的力量要如何回應你模糊的心願呢？

亂射

在不清楚自己的真正想法時，向宇宙下訂單，就好比一個要射飛鏢的人，沒有了目標、方向，只是盲目的拿起飛鏢亂射，即便射中了，也不知道那是自己要的，更糟糕的是，根本不知道自己已經射中紅心。

愛的逆轉力，主要的目的就是讓我們每個當下都清清楚楚、明明白白，先站穩自己的步伐，才不會隨著他人的牽動而迷失方向。這個社會，很多人都不快樂，最主要的原因都是不清楚自己的定位，更不清楚自己要的是什麼？別人風行什麼，就跟著

追求什麼。別人說什麼，就跟著做什麼。站不穩自己的腳步，就會被身邊每個人牽著鼻子走，朋友告訴你向東，你轉東，親友說北邊比較好走，又放棄東邊轉向北。每個人，你一言，我一語，我們就像是一顆陀螺，沒有目的的不斷在原地打轉，轉得精疲力盡，停下腳步的時候抬頭一望，發現自己依然在原地，一點進度也沒有。

先停止轉動吧！先看清楚自己的目標在哪裡後，才有辦法往前走，才有辦法跟宇宙下訂單，沒有目標的人是永遠到不了目的的。

如何跟宇宙下訂單

步驟一：認識自己

- 發現自己：透過「自由聯想」、「看圖說故事」，發現自己的核心認知。
- 認識自己：透過說故事，尋找心靈檔案。
- 了解自己：透過「逆轉力法則」，從生活中覺察慣性行為，發現心靈的病毒檔案。

步驟二：設定目標

- 尋找夢想：從現在最渴望的事情、想做卻一直沒去做的事件中尋找一個目標。

步驟三：下訂單

●**發射夢想：**用現在進行式的用語，不要用「希望」、「但願」、「最好」……這些渴望、未完成的用語。因為這些用語都代表著現在還沒擁有。也就是目前看到的都是尚未完成的狀態。

●**用「現在進行式」、「完成式」的句子：**「現在進行式」代表自己已經走在完成的路上；「完成式」是暗示自己已經達成夢想了。不過很多人在用「完成式」時會心虛，這樣發射出去的目標與內心就已經產生衝突，反而不容易心想事成。當我們用「完成式」不會心虛時，就用完成式；若會覺得心虛，建議採用「現在進行式」。

希望、渴望	現在進行式	完成式
【目前尚未達成】	【已經走在路上】	【已經完成夢想】
希望賺大錢	我的財富一天比一天更富足	我非常的有錢
希望有好姻緣	我的靈魂伴侶正朝我走來	我擁有一個完美的靈魂伴侶
希望買房子	我正在建造一間幸福、溫馨的房子	我有一間舒適的房子
希望身邊沒有小人	我的貴人一個一個來到我身邊	我有很多貴人
希望生活更快樂	我創造一種快樂富足的生活	我生活得很快樂、富足
希望小孩自動自發	我的小孩一天比一天自動自發	我的小孩都自動自發

步驟四：制定執行計畫

確定目標後，請寫下短期、中期、長期的執行計畫，然後堅信不已。

步驟五：調整目標，重新出發

在執行過程中，隨時確認所發射的目標是不是真的目標，如果不對，應立刻調

整、修正。如同小柔的故事，原本以為自己要的是「賺大錢」，其實真正要的是「有一個有成就感的工作，又同時擁有愜意的生活」。當發現自己夢想背後真正的想法後，立刻修正夢想，然後再一次重新出發。

在這之中，隨時觀察自己的情緒，只要有比較大的起伏，別忘了「逆轉力法則」可以讓我們一天比一天更了解自己，一天比一天更清楚自己真正要的是什麼，才不會再次的被生活鬧得團團轉，而不知所以然。

心想事成，不需要用力

當越來越了解、清楚自己每個當下在做什麼時，我不太會刻意的去跟宇宙下訂單，一切的自然法則，是當內心是什麼狀態，外界就是什麼狀態。當我細微的觀察到目前生活上的種種時，我知道，那是我內心世界的反應。因此，我不再刻意的下訂單了，我反而把目標、夢想這個過程當成是一面大鏡子，讓我時時的調整自己的心態，發現心靈檔案有作用力時，就是我使用「逆轉力法則」自我覺照的最佳時機。

當我不再用力的把心念放在「心想事成」上，我反而一直在心想事成。我只是專注的做自己正在執行的每一件事，而每件事也都應我的邀約而來。

我很喜歡買房子，有好幾間房子都是我心想事成買來的。當我專注於想在台北東區買房子時，我開始注意房地產的動態，然後就會有適合的產品出現，而我也順理成章的完成這些夢想，然後，這些房子又幫我去執行其他夢想。我沒特別設定「一定」要做到什麼，只是清楚自己「該如何」去執行，知道自己的方向在哪裡而已。這也是我前面說的，「心想事成」只是一個過程，目的在認識自己、了解自己、覺察自己。這是我個人對心想事成的體驗、想法。

「愛」的加持力

愛，有一種很大的加持力。尤其是家人的愛力量更大。

「愛」這個元素在我小時候是缺乏的，並不是爸媽沒給我，而是我對爸媽有過高的期待，反而掩蓋掉我去看到他們的「愛」。一直到現在，我回頭過去與自己和解，也才重新的體會爸爸、媽媽沒說出口的愛。

缺席的愛

從小，爸媽就離異，我很少有機會看到父親，對他的記憶貧窮得可以。有一次玩自由聯想，我們玩的主題是「爸爸」，才再一次喚醒我對父親的種種記憶。

我當時想到父親，會想到「電影院」、「烤麵包機」、「洗衣店」、「衣服」、「坐牢」、「女朋友」……這些都是好久好久以前的記憶。

小時候，我跟父親的相處很少，家裡幾乎看不到父親，他都是偶爾突然現身，然後就好幾個月、甚至好幾年不見蹤影……印象中，每次見到父親，他手中老是會拿著剛從洗衣店拿回來的衣服，身穿時髦、打扮風流倜儻，據我所知，我父親的女朋友非常多……

一次父親難得回家，說要帶我去看電影，我好開心，看電影對我來說是何等的遙不可及，更何況是爸爸帶我去的。我很珍惜跟父親相處的每一刻，我永遠不知道，他什麼時候還會回來……那時代的電影院，設備沒有現在這麼好，那次，電影播放到一半，中場就斷了幾次電，爸爸帶我進進出出兩、三次，散場後，爸爸抱著我走出電影院，出了電影院後他發現，夾在胸前的鋼筆不見了。一直怪我是因為他要抱我，所以不見了鋼筆，這對當時原本開心的我來說很受傷。

還有一次，那時候我已經上小學了，他也突然回家。剛好鄰居阿滿的媽媽跑來家裡向父親告狀：「你們家篤霖，欺負我們家阿滿。」當時，父親不聽我的解釋，不

分青紅皂白的就痛罵我一頓，就在我淚水含眶的時候，阿滿的媽媽離開了，爸爸蹲下來，用他的大手撫著我的臉頰，然後用很溫柔的語氣說：「好了。這不就沒事了，只是罵給別人看的，你看，不是沒事了嗎？」

長大了，跟父親相處更是少得可以。那一年我還在念藝專，學校禁止學生對外接商業性演出，而我卻接了電影「搭錯車」，因此，被記了大過一支。又因為演出司迪麥口香糖「我有話要講」的廣告，又是一支大過，加上其他為了演出而曠課的時數過多，眼看就要屆滿三支大過被退學，於是請父親來學校幫我辦理休學，父親責備的說：「怎麼可以這樣？」我不耐煩的看著父親：「你平常都不在，不要現在才要來教訓我，該簽什麼你就簽吧！」我當時對父親是有怨氣的。心想：需要你的時候常常見不到你，現在只是需要你來簽個名，何必在這個時候來扮演父親的威嚴……

我跟父親的互動真的很少，每次見面都不太愉快。對於他在從事什麼，我也不是很清楚，只知道他曾坐過牢，但是原因是什麼我並不知道，後來，我們兄弟三人與父親一起吃飯，知道父親稍微發達了，說要送給我們兄弟三人一人一輛裕隆汽車，問我要不要？我頓了一下，當時的我已經二十多歲，剛出唱片，在經濟上已經獨立了，自己的收入也很不錯，並不是那個蹲在巷子口的街燈下，期待爸爸回家的孤單小男孩，也不是念專科被學校勒令休學、對未來一片茫然的青年，不知道是怎樣的一個情緒，我很殘忍的對父親說：「我不要，要買的話就買賓士，其餘的我都不要。」父親低頭想了想，用和顏悅色的表情跟我說：「好。我買賓士給你，你每天開車送我上下班？」我很冷酷的說：「不要。」

多年後，我又接到了爸爸的電話，他說：「好久沒一起吃飯了，一起吃個飯吧！」我答應了。其實，我蠻珍惜每一次跟他相處的時刻，只是不敢承認。那次吃完飯後，他說：「父親節快到了，能不能送我禮物？」我點點頭：「好。」我們到附近的百貨公司，父親不挑花車上特價的衣服，直要專櫃的，我也無所謂，反正我現在有一些存款，那一次，他買了好多的衣服，每一件都很花俏，我心想：「你真的會穿嗎？都已經七、八十了，還這麼喜歡時髦?!」雖然心裡這麼想，但是只要他喜歡的，

我都買給他。我沒想到，這是我最後一次見到他。後來，他回東北老家，在那裡往生了。

我好愛我父親，但是我從來沒有跟他表達過愛，當我回去處理喪事的時候，親戚們拿當時我買給他的衣服，我看到那些衣服的掛牌都還在，他一件也沒穿。逢人就說：「你們看，這麼貴的衣服是篤霖買給我的。」我聽了，熱淚盈眶，回想三十幾年來，我居然只跟他做過一頓飯的好朋友，而那次的機會還是爸爸給我的。

今年，我再次回到東北，帶著國立藝術大學的聘書，來到父親的墳前燒給他，我知道他最在意的就是他告訴所有的親戚：「我三個兒子都大專畢業。」其實，我並沒有完成大專學歷。雖然沒有大專學歷，但我的母校（國立藝術大學）卻在去年聘請我回學校任課，我想，這也足以彌補他心中我五專肄業的遺憾吧！

我知道，我目前為父親所做的這些，其實都是在為自己而做。都是在彌補自己心中來不及表達的愛。都在補償自己心中所認為的爸爸的想法。

爸爸，我愛你。謝謝你給了我一個相聚的機會，雖然短暫，卻讓我懷念長久。謝謝你，製造了一個讓我們和解的機會，我愛你。

媽媽不要說

我從小就跟著媽媽，但是我跟媽媽的感情卻是愛中帶著無法承受，想親近又時時想逃離的複雜情緒。成天聽著媽媽哀怨的說：「我們好窮，我好可憐，沒一個男人可以靠。」、「你看。我們都沒有家。」、「好丟臉啊！移民是有錢人才會做的事，我們沒有錢，跟人家移什麼民？丟死人了！」

這些負面能量的語言，曾經把我跟母親的距離彈得遠遠的，每次要跟媽媽說話，我總是很沒有耐心，沒說幾句，就很想反駁，或是斥喝。我總是形容，每次跟媽媽說話，就很想「上廁所」，巴不得趕快離開……

現在，我不能跟八十多歲的媽媽說：「媽！妳負面能量太多，妳需要心靈成長。」我想，這種話她是怎樣也聽不進去的。我能轉變的，只有自己。當我認真的想

改善我們之前的對待關係後，我開始把媽媽的這一生讀了讀，看到她的心靈檔案後，我跟她的相處也就產生變化了。

媽媽從小就長得漂亮，有個妖艷的名字「謝麗娜」，她是人家的養女，也就是童養媳。對於她來說，從小就沒有「家」。一九四九年，大時代的動亂，當時的媽媽在軍營外幫軍人納鞋底，一層米漿、一層米漿的納上去，在軍隊開始撤退到台灣時，媽媽也跟著軍隊顛沛流離的來到這個陌生的小島「台灣」。在台灣認識了同樣從大陸來台，身為軍人的父親，以為從此有了依靠。結果，跟父親兩個分分合合、分分又合合。因此，在她的心靈檔案裡，有很多的愁苦，而這些愁苦正是把我從她身邊推開的力量。

當我開始檢視母親的心靈檔案後，我可以把她當成一個十幾歲顛沛流離、飄洋過海、無依無靠的小女孩，在聽她說話的時候，我變得更有耐心了。握著她粗粗的手，這雙手曾經為人幫佣、賣過衣服、納過鞋底……她靠著這雙手，雖然沒有給我什麼寬裕的生活，至少撫養我長大了，還給了我這麼好的外表……她的人生似乎沒有特別歡

樂的事，因此，即便現在我的經濟已經足以讓她過好日子，她還是停留在過去的悲苦裡，並沒有走出來，也看不到我可以給她的部分，在她的心裡面，我們一樣是那個什麼都沒有、很窮的人。

有了對父親的遺憾，讓我想到，我還能跟母親相處多久？她已經八十多歲了，還能吃多少次她煮的菜？我從來都沒跟母親說過一句：「我愛妳。」記得第一次跟她說「我愛妳」的時候，我的內心很掙扎，不知要如何表達才能讓她知道，自我交戰了很久，於是我看著母親，趁著她沒留意的時候，快速的跟她說：「媽，我愛妳。」然後快速的轉身離開，在轉身的那個片刻，我看到我母親詫異不自然的神情。

現在，我偶爾還是會抱抱她，告訴她：「我愛妳。」剛開始，她表現得很不安，還說：「給別人看到了多不好意思。」現在，自然多了。

知道她不習慣我抱她，於是我改了另一種方式，我會摸摸她的手、她的髮、她的肩，然後聽她說話。我已經可以耐心的聽她說，不再像以前一樣，一聽她說話就很想逃跑……

父母一直是給我們加持的力量。當我漸漸的修復跟爸媽的關係後，我發現，我可以更自在的面對身邊的每個人。也漸漸的卸下保護色，更輕鬆的對待每件事。

我愛你

「我愛你」，是一句很有力量的話。「擁抱」是一個可以讓人充滿動力的動作。

通常，我們可以很自然的跟身邊的朋友擁抱，但是不見得可以跟自己真正在乎、重要的人擁抱。可以輕易的跟朋友說出：「我愛你。」卻不一定有辦法跟家人、真正在意的人說：「我愛你。」

愛，需要練習。這個練習不會讓我們受傷，只會讓我們的愛更圓滿。一天一點練習，慢慢的把自己的愛說出口。

我們都是來自「愛的國度」，身邊的每個人都是我們「愛的靈魂」，用心看，你會看到每件事、每個人都是愛的體現，都是為了讓我們擁有更圓滿的愛。

我愛你。

感恩

下面的水杯，你看到了什麼？
悲觀的人，看到了水只剩三分滿的水。
樂觀的人，感恩還有三分滿的水。

感恩不是掛在嘴邊

感恩對我來說是一種心靈的悸動，是一股發自內心看到的感動。以前，對於「感恩」這兩個字沒有很深的觸動，就是一個很平常，很常說的一個名詞。現在，這兩個字對我來說意義已經不一樣了。

每一次站在舞台上，我都無比的感恩，主持工作的光芒，可以說是一個節目中最容易被看見的，也接受最多掌聲。但是，一個節目的成功，只有主持人是成不了型

的，沒有背後的製作人扛住整個管銷，節目做不起來；沒有企編的策劃，節目沒有靈魂；沒有執行製作，節目無法運作；沒有攝影師、導播……節目一樣無法完美呈現。每一個人、每一個分力構成了一個完美的演出，我這個主持人也才能享受到光芒。

每回錄影，一天可以錄三集，對我來說，我只要一天的工作天，但是對於前製的企編、執行們，卻是花了好幾天準備資料、聯繫來賓才有的成果，我真的很感恩身邊這些夥伴，是他們辛勤的付出，一點一點的光芒聚集起來，才讓整個節目發光發亮的。每回收工，我內心由衷的感謝他們，他們所付出的心力比我多更多。

感恩是一種震撼

後來，我又發現另一種感恩。這種感恩，是會讓人的心為之一振的。過去，我也曾埋怨過家裡的貧窮，羨慕其他小朋友的便當有雞腿，而我只是青菜蘿蔔乾；羨慕他們可以一家和樂一起吃飯，而我都是獨自一人的晚餐。當時，也會覺得自己很可憐，而現在回頭看，我非常感恩那時的種種。

沒有母親的愁苦，我不會想要逆轉生命，也不知道自己的生命還有這麼多可能。沒有母親常掛在嘴邊的「沒一個家」，我不會買這麼多房子；沒有曾經失去過舞台，現在不懂得珍惜每一次演出的機會。

這些過程，當自己經歷在其中的時候，或多或少都會埋怨，會去羨慕別人的好運，而貶低自己的際遇，走過這一遭後，我看待這些事情的角度也不一樣了，正是因為有這些過程，才能讓我的生命再次的「逆轉」，然後再次的累積能量，就像把彈簧壓到底端一樣，一旦準備好，彈跳力是超越原本自己的想像的。

人生的道路起起伏伏，情緒隨著事件而有所起伏，那是因為我們把焦點放在外界的表象，過於在意這些表象的狀態，反而讓自己成為情緒的奴隸。走過這些後，我自己做了一些調整，我把重心放在自己身上，外界的起伏正是自我調整腳步的時機，讓自己先站穩在一個定點上，不管外界怎麼變動，我不隨之起舞，當走過外界的陰霾後，我反而得到陰霾後的禮物，反而更懂得感恩在陰霾過程中的種種事件，因為這些

事件更歷練我成長、超越自己，同時也是這些事件讓我更了解自己，並且我也深深的感恩這些事件中「愛的靈魂」，謝謝你們，讓我看見生命的智慧、光芒。

每天只要一點點

一天一點進步，就是進步。

在愛的國度裡，每個人都是完美的，每個人也都是獨一無二的。我們為了「體驗」而來，縱使很多愛的靈魂都已經忘記了當初自己設定的體驗課題是什麼，我們那顆完美的心都還在，我們內心的鑽石仍舊發光，只是被塵埃覆蓋了。

別急，慢慢來，一天比一天更進步，就是進步。一天只要比一天更多一點點的突破，都值得喝采。

還記得自己是怎麼學習走路的嗎？剛出生時，我們只能躺在床上，靠著眼睛看世界，看到的都只是天花板、牆壁。後來，慢慢長大，漸漸的可以坐，可以站，有辦法慢慢的移動腳步，漸漸的可以抓到身體的重心，進而到現在可以自在的任意的移動雙腳。

我們可能都忘了，我們是經過多少次的跌倒，爬起來，跌倒再爬起來，才有辦法像現在這樣任意的跑跳，這一切都不是一夕間一個魔法棒一揮就變成的。這些都是一天一點點進步，不屈不撓的從每一次的跌倒中學習而來。

不管遇到任何事，把握住生命的每一刻，每一刻、每一種體驗都是生命的資糧，都是歷練我們長大的養分。現在的你，如果已經可以享受生命的甜美、喜悅，恭喜你，找到自己，與自己合一了。若你還為身邊的種種而苦惱著，我也同樣的要恭喜你，因為這個時間點，正是我們重新認識自己的契機點，正是我們生命最佳的重塑期。只要願意，你會看見！

iの逆轉力 課程

第一天

自我覺察，尋找致命傷

從認識自己開始，自我探索——從想法、感覺、行動找出慣性行為的致命傷

說畫．說話 ～ 繪畫自療

從繪畫中，挖掘你所不知道的自己，從新認識自己，與自己做朋友！

心理 & 戲劇

戲如人生，人生如戲，從體驗中逆轉現實生活的困境，夢想未來！

i の 戲院

這一夜，我們來聽故事！我就是主角，人生大戲正在上演！

第二天

逆轉力法則

自我療癒的黃金法則，從事件中逆轉生命，化解負面能量，重組生命程式！

生活．生命

什麼是「生」？什麼是「死」？人生的目的又是什麼？
當生命走到盡頭，又該如何面對死亡這個議題？

i の 豐年祭

牽一髮動全身，體驗蝴蝶效應！
體驗出生時自身擁有的強大威力；從不斷跌倒中學習坐、跪、爬、站立、行走奔跑！
體驗信任、學習擁抱，把愛說出口、傳出去！

第三天

愛

什麼是愛？愛可以是什麼？什麼是寬恕？什麼又是慈悲？
原來，我們都愛錯了！喚醒愛的行動力！

i の 戲劇

我在演自己的戲？還是別人的？我們都以「愛」為名，把身邊的至親好友，一個、一個「牽拖」進來！
自己的戲自己演，自己人生的路自己走！從i の 戲劇中，看見自己、他人！

重新夢想，重新組合

解除命運的枷鎖，拿回自己生命的自主權！自己的人生自己設計！
尋找夢想！制訂執行目標！重新再出發！
夢想路上，我們都已經心想事成！

iReborn，愛睿朋，
象徵著「我，重生」；更象徵著「愛，重生」！

愛，是我們最大的原動力！
愛，是我們生命的泉源！
生命因為有愛，所以更圓滿！
生命因為有愛，而得以重生！
生命因為有愛，隨時可以再出發！

iReborn是由何篤霖所率領，由一群喜好身心靈，並且在心靈領域裡鑽研多年的同好所組成，我們將所學、所知執行到生活面，進而轉化成人生智慧，並將這些心得，整合歸納研發出「iの逆轉力」這套有系統、組織，可被實踐的體驗式教學課程！致力把更多的愛傳播給更多的人，讓每個人都能將夢想、愛、歡樂實現在生活中！

國家圖書館出版品預行編目資料
愛的逆轉力/何篤霖著. -- 初版.
-- 臺北縣板橋市 : 雅書堂文化, 2009.12
面； 公分. -- (37℃；20)
ISBN 978-986-6648-96-0(平裝)
1.自我實現 2.生活指導
177.2 98020944

愛的逆轉力

作　　者／何篤霖
總 編 輯／蔡麗玲
副總編輯／劉信宏
編　　輯／方嘉鈴 謝美玲
封面設計／KC's Friends
內頁設計／KC' s Friends
出 版 者／雅書堂文化事業有限公司
發 行 者／雅書堂文化事業有限公司
地　　址／台北縣板橋市板新路206號3樓
劃撥帳號／18225950　戶名：雅書堂文化事業有限公司
電　　話／(02)8952-4078
傳　　真／(02)8952-4084
網　　址／www.elegantbooks.com.tw
電子郵件／elegant.books@msa.hinet.net

2009年12月初版　定價／280元

總經銷／朝日文化事業有限公司
進退貨地址／台北縣中和市橋安街15巷1樓7樓
電話／(02)2249-7714　傳真／(02)2249-8715
星馬地區總代理：諾文文化事業私人有限公司
新 加 坡／Novum Organum Publishing House (Pte) Ltd.
20 Old Toh Tuck Road, Singapore 597655.
TEL：65-6462-6141　FAX：65-6469-4043
馬來西亞／Novum Organum Publishing House (M) Sdn. Bhd.
No. 8, Jalan 7/118B, Desa Tun Razak, 56000 Kuala Lumpur, Malaysia
TEL：603-9179-6333　FAX：603-9179-6060